本丛书得到何东先生独资赞助

This series of books is financially supported exclusively
by Mr. Eric Hotung.

20世纪中国文物考古发现与研究丛书

满 城 汉 墓

郑绍宗 / 著

文物出版社

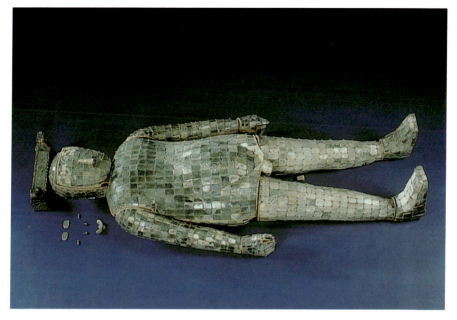

一　刘胜金缕玉衣（1∶5173）

二　乳钉纹铜壶（1∶5019）

三　蟠龙纹铜壶（1∶5014）

四　鸟篆文铜壶（1：5015）

五　铜链子壶（1：4109）

六　铜鼎（1∶4102）

七　铜错金博山炉（1∶5182）

八　铜羊尊灯（1∶5181）

九　铜朱雀衔环杯（2∶3032）

一〇　"长信宫"铜灯（2∶3044）

20 世纪中国文物考古发现与研究丛书

序 / 张文彬

　　俗称"锄头考古学"的田野考古学的诞生以及中国考古学学科体系的基本完善，由此而引起的古物鉴玩观赏著录向科学的文物学的转变，是 20 世纪中国学术与文化界的大事。它从材料与方法两个方面彻底刷新了持续了数千年之久的中国古代史学传统，不但为中国学术界和文化界开拓出更加广阔的研究天地，也为一切关心中华民族悠久历史和灿烂文明的人们不断地提供了可贵的精神滋养和力量源泉。

　　仰古、述古、探古，进而考古，向来为我国传统文化中一个明显的学术特点。先秦时期诸子百家发其端，汉代司马迁撰写《史记》，北魏郦道元作注《水经》。他们对相关的遗迹遗物，尽可能地做到亲自考察和调查，既能辨史又可补史。这种寻根追源的治学态度，为后世学术上的探古、考古树立了榜样。此后，山河间的访古和书斋式的究古相继开展，特别是对古器物的研究，成了唐、宋时期的文化时尚。不少学者热衷于青铜铭文、碑刻、陶文、印章等古文字的考释，进而有了对器物的辨伪鉴定、时代判断、分类命名等，逐渐兴起了一门新的学问——金石学，涌现出许多著名的古器物鉴赏家和收藏家。只是囿于当时的历史条件，金石学家们无法了解所见文物的出土地点和情况，也难以涉及史前时代漫长的演进历程，因而长期以来始终脱离不了考证文字和证经补史的窠臼。即使如此，他们的艰辛努力和取得的成绩，还是为推动我国传统文化的发展起到了积极作用，并且在事实上也为中国考古学和中国文物学的起步铺设了最早的一段道路。

20世纪初，近代考古学由西方传入。中国学者继承金石学的研究成果，学习并运用西方考古学方法，开始从事田野考古，通过历史物质文化遗存，探寻和认识古代社会，揭示人类社会发展规律。早在1926年，中国学者就自行主持山西南部汾河流域的调查和夏县西阴村史前遗址的发掘。随后，我国学者同美国研究机构合作，有计划地发掘周口店遗址，发现了北京猿人。从1928年起至1937年，连续十五次发掘安阳殷墟遗址，取得了较大收获，引起了国内外学术界的重视。自20世纪50年代以后，随着国家大规模经济建设的进行，田野考古勘探、调查和科学发掘工作在全国范围内蓬勃有序地开展，许多重要的典型遗址和墓地被揭露出来，重大发现举世瞩目。它们脉络清晰，层位分明，文化相连，不仅弥补了某些地域上的空白，而且衔接了年代上的缺环，为研究中国古代史、文化史、科学史以及其他学科领域，提供了珍贵、丰富的实物资料，极大地影响着人文社会科学诸多学科专业的研究与发展。这段时间被学术界称为中国考古学的黄金时代。在马列主义理论指导下，具有中国特色的考古学理论体系和方法论逐渐形成。有关研究成果不仅极大地改变和丰富了人们对中国文明起源、中国古史发展等重大问题的认识，同时也扩展了中国文物的研究领域和研究方式。可以说，考古学的发展与进步，直接影响到文物学的形成与发展，而且影响到全社会对文化遗产重要作用的认识以及世界学术界对中国古代文明的重新认识。

从 20 世纪 80 年代开始，文物界就中国文物学的创立，逐渐取得共识，在共同探讨的基础上，初步形成了学科体系。不少学者发表了有关论文，出版了专著，就文物的历史价值、科学价值、艺术价值以及在社会主义的物质文明与精神文明建设中如何对文物进行有效保护、合理利用发表意见。这些研究成果已获得学术界的赞同。

在这世纪之交和千年更替之际，对中国考古学和中国文物事业作一次世纪性的回顾和反思，给予科学的总结，是许多学者正在思考和研究的问题。如果能通过梳理 20 世纪以来重大发现和研究成果，透视学科自身成长的历程，从而展望未来发展的方向，以激励后来者继续攀登科学高峰，无疑是一件很有意义的事。为此，经过酝酿、商讨和广泛征求意见，我们约请一批学者（其中有相当多的中青年学者）就自己的专长选择一个专题，独立成篇，由文物出版社编辑出版一套《20 世纪中国文物考古发现与研究丛书》，并以此作为向新世纪的献礼。

从某种意义上说，《20 世纪中国文物考古发现与研究丛书》是一套学科发展史和学术研究史丛书。其内容包括对 20 世纪考古与文物工作概况的综合阐述；对一些重要的考古学文化和古代区域文化研究情况的叙述；对文物考古的专题研究；对重要的文物考古发现、发掘及研究的个例纪实。

此套丛书的内容面广，而且彼此关联。考虑到各选题在某些内容上难免会有重叠或复述，因此在编撰之初，我们要求各选题之间互有侧重，彼此补充，以期为读者了解 20 世纪中国考古学和文物学的发展提供更多的视角。

我国的文物与考古工作，虽在 20 世纪得到了迅速发展，但仍有许多重大学术问题需要进一步探索。我们主持编辑这套丛书，除了强调材料真实，考释有据，写作态度严谨求实外，也不回避以往在工作或研究上曾经产生的纰漏差错和不足之处，以便为今后的工作和研究提供借鉴。虽然我们尽了很大努力，但限于水平，各篇仍很难整齐划一。由于组稿和作者方面的困难和变化，一些计划之中的题目也未能成书。这些不周之处，敬请专家、学者和广大读者批评指正。

在丛书编印过程中，我们得到了文物、考古界的广泛支持。何东先生在出版经费上给予了热情帮助。在此，一并深表感谢。

2000 年 6 月于北京

目　　录

插 图 目 录

前言

河北满城汉中山靖王刘胜及其妻窦绾墓的发掘，是我国的重大考古发现之一，在新中国的考古学史上占有极其重要的地位。此项发掘工作是在1968年夏、秋之季进行的。党中央、国务院对这次考古发掘十分重视，发掘工作也得到了河北省政府和各个方面的大力支持与协助。在考古工作者的共同努力下，克服"文化大革命"期间的种种困难，田野发掘工作得以顺利进行。

发掘期间，敬爱的周恩来总理在日理万机之中，曾多次亲自过问和批示，并于1968年7月22日派当时任中国科学院院长的郭沫若及夫人于立群等专程从北京赶到满城陵山发掘工地进行视察。河北驻军首长和省政府领导也曾多次到发掘工地视察，给当时参加发掘的考古工作人员以很大的鼓舞和支持。大家在任务大、人员少、困难多的情况下，经过共同努力，较圆满地完成了这项考古发掘任务。

满城汉墓的发掘工作，分为前后两个阶段。第一阶段是发现、保护和一号墓的发掘；第二阶段是二号墓的发掘。

1968年5月23日，是一个很不寻常的日子，埋藏在地下已近二千一百多年的地下宫殿——陵山一号墓（即中山靖王刘胜墓）终于被人们发现了。这天，驻满城陵山某部机电连在这里施工。他们从陵山主峰南面三分之一处向西开凿高2.5米、深24米的山洞时，突然洞的西头塌陷，崩石落入其中。战士入洞观察，忽然发现塌陷处竟然另有一宽敞的大型洞室，其地面上发现有大量车马器具、铜器和陶器。经上报有关领导部门后，从 5 月 25 日开始，河北省政府派有关干部和省文物工作队考古专业人员一行四人会同当地驻军先后两次到实地进行勘察，确认古洞乃是一个埋藏了近两千一百年的古墓。由于工程紧迫，为确保文物安全，当地政府一面报请国务院，一面派考古人员组织人力于 5 月 29 日开始了墓室内的保护性清理工作。6 月 22 日，国务院正式批准发掘一号墓。到 6 月 26 日，第一号墓的甬道、南北耳室和中室已基本清理完毕。6 月 27 日，国务院派中国科学院考古研究所一行十三人到满城工作，继续清理一号墓后室并进行测绘、拍照和记录等工作。8 月 2 日，一号墓发掘清理工作完毕。

第二阶段的考古发掘工作，主要是陵山二号墓（即窦绾墓）的发掘清理。这一工作是在第一阶段工作的基础上进行的。在发掘一号墓的时候，发掘墓门前马道北面 110 米处与一号墓门处于同一水平线的西侧崖面上有人工开凿堆积下来的碎石片，因而推断此处可能另有一墓。特别是在同年 7 月 22 日郭沫若院长视察陵山古墓后作了进一步推断，同时对二号墓的位置进行了科学的勘察和墓门位置的确定。经请示国务院，获批准后进行试掘并找出二号墓墓门的位置。正式发掘二号墓的时间是从 1968 年 8 月 13 日开始，至 9 月 19 日结束。

总之，满城两座大型汉墓发掘的日期是 1968 年 5 月 23 日发现一号墓，5 月 29 日开始保护性清理，到 9 月 19 日二号墓发掘结束，实际田野工作一百零四天。

前后参加考古发掘两座古墓的有中国社会科学院考古研究所王仲殊、卢兆荫、张连喜、杜玉生、杨锡璋、刘震伟、屈如忠、段鹏齐、戴彤心、王岩、张子明、白荣金、姜言忠、郭义孚，河北省政府张天夫、杜荣泉，原河北省文物工作队郑绍宗、孙德海以及驻满城部队一部分人等。

发掘期间，北京电视台、中央新闻电视纪录制片厂赶赴发掘现场，拍摄了电视片和彩色资料片。满城汉墓出土文物与国内外广大观众见面是在 20 世纪 70 年代初期。1971 年 7 月，由于国内群众的要求和国际文化交流的需要，在北京故宫举办了文化大革命期间出土文物展览。满城汉墓出土的珍贵文物（包括两套"金缕玉衣"、"长信宫"灯等）首次与首都人民见面。同时，1971 年 7 月 24 日《人民日报》以头版篇幅第一次报道了满城汉墓出土文物的重大发现。相继中央电视台和世界许多国家的新闻媒体都播发了这则重要新闻。《人民日报》的报道如下："1968 年河北省满城发掘的西汉（公元前一百多年）中山靖王刘胜及其妻窦绾的两座古墓，墓凿成于山石之中，工程艰巨，规模宏大，浑如地下宫殿。墓中有各种铜器、金银器、玉石器、陶器、漆器、丝织品、车马具等随葬品二千八百多件。这些随葬品的工艺水平很高。其中有第一次发掘出来的两套完整的'金缕玉衣'。这两套'金缕玉衣'，是以玉石琢成长方形的小薄片，四角穿孔，并用黄金制成的丝缕缀联而成，贴身穿在尸体上，企图保存尸体不朽。在发现的时候，尸体早已腐烂，两件玉衣的部分金线和玉片已经断裂，现经整理、加工，已全部复原。这些文物深刻地揭露了封建统治阶级的骄奢淫逸和对劳动人民的残酷剥削、压迫，同时也显示了当时我国劳动人民的高度智慧。"[1]满城汉墓出土珍贵文物，特别是发现"金缕玉衣"的消息，震惊了世界，国内外人士和文物爱好者纷纷前来参观。1972 年以后，满城文物被带到菲律宾、德国、日本、英国、意大利、加拿大等数十个国家巡回展出，报刊上连续发表了大量的研究文章，引起了国内外人士的极大兴趣，同时他们也提出了一些惑而不解的问题。例如，这座王陵的主人刘胜及其妻窦绾墓为什么长久没有人知道？究竟是怎么发现的？为什么建在山里？是在什么背景下埋葬的？其埋葬方法和文献记载的帝王埋葬制度有什么联系？当地有何民间传说？自然地理环境和"陵山"有什么关系？"陵山"指的是谁的陵？陵山上是否还有其他的陵？刘胜作为西汉第一代中山王，他后代的陵墓在哪里？目前有否发现？刘胜及其妻窦绾墓为什么不见文献记载？墓内所藏珍贵文物的历史和艺术价值如何？对历史学、考古学研究的意义和影响等……这些问题都需要我们在编写正式考古发掘报告和研究中一一加以解决。

《满城汉墓发掘报告》是在 1974 年开始编写的。在中国科学院院长郭沫若、国家文物局局长王冶秋、中国社会科学院考古研究所所长夏鼐的关心和支持下，由考古研究所和河北省文物管理处（现为河北省文物研究所）合作共同编写。1980 年《满城汉墓发掘报告》由文物出版社出版。此报告分为上、下两册向国内外公开发行[2]。同时还编辑出版了《满城汉墓》小册子，发表了各种有关满城汉墓研究的文章、报道数十篇。1977 年满城汉墓出土文物运回河北省石家庄市展出。

河北是发现两汉墓葬比较集中的地区之一。这和当时郡县设置和诸侯王国的分布有着密切的关系。汉初河北大部属于冀州和幽州刺史辖区，其下包括了许多郡、国，著名的如幽州刺史下的广阳（燕），冀州刺史下的河间、中山、信都、常山（真定）和赵以及冀西北的代。诸侯王国下所分封的许多侯国等又分布于各郡县。研究汉代物质文化，不能不对河北大型汉墓的分布及特点有一个初步的了解。河北大型汉代墓群基本是处在郡、国首府的周围及其附近。有的墓群跨越汉、魏数百年，形成了规模宏伟的陵区；有的一地少则数十，多则数百。例如，广阳（燕）国陵区分布在北京大葆台，两汉中山国陵区分布在定州市周围及唐河两岸，河间王陵区分布在献县附近以及东部一带，信都国陵区在冀县城关附近，赵国陵区分布在邯郸张庄桥一带，常山（真定国）王陵分布在获鹿高庄到新城子一带。此外，在蓟县、石家庄市东部、元氏、望都、涿县、阜城、安平、满城、蠡县、安国、沧州等地多有大型汉墓。群众有的称其为台子或疙瘩。如获鹿高庄新城子的一留十八台子或一留十八疙瘩。这些汉墓群有的属于诸侯国的王侯墓，有的则属于郡、县高级官吏墓。研究汉代的物质文化，要从这些汉墓着手是勿庸置疑的。20世纪50年代以来，河北发掘的大型汉墓不少，但也留有许多悬而未决的问题。因多数发掘过的大型墓葬曾为后世盗掘，出土文物零散而不系统，对汉代物质文化的研究难以形成系统的概念，而外省区发现的诸侯王墓葬也均被盗过，能提供系统资料的也不多。所以，研究汉代特别是西汉时期北方郡国的诸侯王一级墓葬形制及出土文物，仅满城汉墓保存下来的遗迹、遗物最多，与文献印证，资料准确系统。可以说满城汉墓出土文物反映的不只是一个诸侯王国的物质文化发展情况，而是西汉中期以前，"文景之治"以后，西汉帝国在北方经过八十余年的休养生息和逐步发展而形成的繁荣的物质文明，是当时封建社会政治、经济、文化高度发展的反映。满城汉墓发现的重要意义就在于它首先证实了西汉诸侯国的存在。它第一次比较全面地揭示了西汉前期一个北方诸侯国的各方面发展情况。中山国是当时北方诸侯国中的较大者，割据一方，自立年号、祠庙，一切典章制度俨如一个小朝廷。这从满城汉墓出土大量文物中可以反映出来。如铜器铭文中中山国设内府，立年号，丧葬制度一如帝王。墓中设前庭、内寝，也都模仿中山首府卢奴宫殿的设置。这正是封建社会初期既有西汉帝国的统一格局，又有诸侯王国的地方封建割据的真实反映。在文化上，它既有汉代高度发展迸发出灿烂光辉的物质文明，如青铜工艺、金缕玉衣、鸟篆文壶等；又有地方上的文物特色，如青铜器、陶器、铁器工具的制作等。

国内完整的西汉诸侯王、列侯墓葬，发现的不多。只有咸阳杨家湾西汉初王侯墓（传为周勃、周亚夫墓）[3]、西汉初年的轪侯利苍夫妇墓[4]、广东象岗西汉南越王赵眜墓[5]。后两个异姓王、侯的墓葬，其保存的考古资料和价值与满城汉墓同样重要，而时代也都处在西汉前期，但它们所反映的丧葬制度和文化制度却各不相同。马王堆汉墓更多地反映中原战国（特别是楚国）丧葬制度的特点，赵眜墓则突出了古闽粤文化，而刘胜墓则强烈地表现了中原的汉文化与北方文化的融合。三者可谓各有千秋。西汉时期的文化在各地发展是不平衡的，有以汉长安为中心关中地区的高度发展的汉文明，也有各地的郡、诸侯国文化发展的地域性特征。研究汉文化就要找出各地汉文化的统一性和不平衡性，从中寻找出规律性的东西，以达到研究当时社会政治、经济、文化发展的目的。

河北汉代文化的研究，主要围绕郡国县城遗址调查和王、侯墓葬的发掘进行。郡国县城遗址调查不下数百处，但大多保存不佳。有的为现代城市所湮没，如汉中山故城卢奴、汉赵故城邯郸等。保存较好的，如代故城（芋县代王城）是很少见的例子。当时的县城也保存了一部分[6]。汉代郡、国贵族墓葬的发掘与研究可追溯到 20 世纪 40 年代。比较重要的有邯郸王郎村象氏侯刘安意墓[7]、赵景王张耳墓[8]、望都二号汉墓即浮阳侯刘氏（佚名）夫妇墓[9]、定县北庄东汉中山简王刘焉夫妇墓[10]、定县北陵头东汉中山穆王刘畅夫妇墓[11]、定县八角廊西汉中山怀王刘修墓[12]、获鹿高庄汉常山宪王墓[13]、定县三盘山汉墓[14]、邢台南郊南曲炀侯刘迁墓[15]、蠡县城西蠡吾侯家族（大贵人）墓[16]、北京大葆台西汉木椁墓（广阳国王墓）[17]、满城汉中山靖王刘胜及其妻窦绾墓[18]、安平逯家庄汉墓[19]等。此外，在邯郸张庄桥，冀县前冢、孙郑李村，定县朱谷、香家庄等地也发现了王侯或郡守一级的墓葬。总之，目前能肯定的王、后、列侯、大贵人、郡守的墓葬大约在十余座以上，其中两汉王一级墓葬所占比重较大。就全国范围来说，冀、豫、鲁、陕两汉诸侯王墓发现比较集中，显然这里都属于中原地区，王侯贵族和富豪居住较多。

以满城汉墓出土文物为主，包括前后发掘的汉中山诸王陵，形成了河北丰富的汉代物质文化资料，为人们进行系统的分析与研究创造了条件。这些丰富的内容主要有西汉初期郡国制度的形成，"文景之治"以来汉郡国制度的变化，汉中央朝廷对北边的方策，郡国关系，郡、王国、侯国的形成和王国的逐渐消亡等。另外，还有汉代诸侯王死后的丧葬制度和对先秦丧葬制度的承袭，族坟墓制度的破坏和王国、侯国墓地的形成，墓地的选择和坟墓构筑制度、丧葬习俗、随葬品所反映的政治、经济、文化、艺术等。各种文物所涉及的领域则包括冶金、铸造、武器、车马、陶器、纺织、气象、医学等方面。它们构成了研究汉代物质文化的基础，极大地丰富了汉文化研究的领域。

　　本书是想通过满城汉墓考古发掘所发现的遗迹、遗物和已经得出的科学、系统的研究成果，使学者们的研究水平再提高一步。运用系统资料，开拓大家的视野。

注　释

［1］《人民日报》1971 年 7 月 24 日第一版。

［2］中国社会科学院考古研究所、河北省文物管理处《满城汉墓发掘报告》，文物出版社 1980 年版。

［3］陕西省文管会等《咸阳杨家湾汉墓发掘简报》，《文物》1977 年第 10 期。

［4］湖南省博物馆、中国科学院考古研究所《长沙马王堆一号汉墓》，文物出版社 1973 年版。《长沙马王堆二、三号汉墓发掘简报》，《文物》1974 年第 7 期。

［5］广州象岗汉墓发掘队《西汉南越王墓发掘初步报告》，《考古》1984 年第 3 期。广州市文物管理委员会、中国社会科学院考古研究所、广东省博物馆《西汉南越王墓》，文物出版社 1991 年版。

［6］河北省文物工作队《1957 年文物普查报告》（内部汇编本）。

［7］黎晖《玉衣片》，《文物参考资料》1958 年第 11 期。

［8］石家庄市图书馆文物考古小组《河北石家庄市北郊西汉墓发掘简报》，《考古》1980 年第 1 期。

［9］《望都二号墓》，文物出版社 1959 年版。

［10］河北省文化局文物工作队《河北定县北庄汉墓发掘报告》，《考古学报》1964 年第 2 期。

［11］定县博物馆《河北定县 43 号汉墓发掘简报》，《文物》1973 年第 11 期。

［12］河北省文物研究所《定县 40 号汉墓发掘简报》，《文物》1981 年第 8 期。河北省博物馆、文物管理处等《定县 40 号汉墓出土金缕玉衣》，《文物》1976 年第 1 期。

［13］《河北获鹿高庄出土西汉常山国文物》，《考古》1994 年第 4 期。

［14］《河北省三十年来的考古工作》，《文物考古三十年》（河北部分），文物出版社出版。

［15］河北省文物管理处《河北邢台南郊西汉墓》，《考古》1980 年第 5 期。

［16］河北省文物研究所《蠡县汉墓发掘纪要》，《文物》1983 年第 6 期。

［17］北京市古墓发掘办公室《大葆台西汉木椁墓发掘简报》,《文物》1977 年第 6 期。

［18］同［2］。

［19］《安平东汉壁画墓》，文物出版社 1990 年版。

一 西汉中山国的历史背景

在了解中山国诸王、后陵的发掘情况之前，不能不简介汉中山国形成以前的历史情况。汉中山国占据了今华北平原的中部，西倚太行，南踞滹沱，北跨大清河，唐河自西而东横贯其中。自古以来，除西部山区比较贫瘠以外，东部土地膏腴，庶民殷富。汉中山国建立前的历史背景是什么呢？战国中山和汉中山有没有什么关系？汉中山和鲜虞中山渊源如何？西汉刘邦建立诸侯国和景帝立中山国的目的是什么？第一代汉中山王建都的地方和各中山王陵的分布、设置又是怎样的？这些问题都是读者需要了解的。下边就从汉中山国建立以前的历史背景说起。

（一）鲜虞和中山

中山之名最初始见于《左传》，即鲁定公四年（公元前506年）。在这以前有关史籍记载多言鲜虞而不提中山，此后鲜虞、中山并提，析而不乱。战国中山和春秋时鲜虞的关系，目前有两种看法：一是认为战国之中山是春秋鲜虞的延续。其根据是《史记·赵世家》中有"中山武公初立"，《索隐》曰"按中山，古鲜虞、姬姓也"；《史记·乐毅列传》曰"中山，魏虽灭之，尚不绝祀。故后更复国，至赵武灵王又复灭之也"。总的看法是把鲜虞、白狄与战国中山混而为一，最后得出结论，春秋鲜虞的延续是战国中山[1]。另一观点是春秋时鲜虞、战国中山既非一国，也非一姓，历史不相连，君统不相属[2]，并认为春秋时的中山确为白狄、姬姓。战国中山据平山中山王嚳墓出土一件"天子建邦，中山侯惟作丝军钺（斧），以敬（警）厥邦"的铭文，断定中山侯钺为武公初建国时所作，因武公系周王同姓子孙，姬姓立国，所以才赏其"天子建邦"侯钺。两种观点不同，但都认为春秋鲜虞、战国中山二者在活动地域上是一致的，即在河北省太行山东麓的唐县到平山这一线东连华北平原之处。这就为后来汉中山国地理位置的确定打下了基础。

春秋时期鲜虞、中山的位置，史籍记载很少，但进入战国后就不同了，《战国策》为其立了专章。《世本》载"中山武公居顾，桓公徙灵寿"。武公居顾后，由于不恤国政，招致外患而迁灵寿。顾地一般推断在今定县，而灵寿故城已为中山王嚳墓的发现所证实，在今河北省平山县三汲村。两地是战国中山存在期间的前后两座都城。按中山王嚳墓出土刻铭方壶记载，中山武公之前有文公，武公后为桓公、成公、王嚳、王蚤嗣、王尚共七世。从武公初立（公元前414年），到中山国灭亡（公元前296年），共一百一十八年[3]。据考证，战国中山南境有棘蒲（今赵县平棘南）、戚、房子（高邑县西）、任（任县东南）、栾（栾城）、鄗（柏乡北）、逆畤（完县东南）、阴人、孟（山西阳曲）、壶口（山西黎城）、柏人（内邱县西）、九门（藁城九门镇）、野台（藁城西南）；战国中山西南境有宁葭（获鹿北）、封龙（元氏封龙山）、东垣（正定南八里东垣故城）；战国中山东境有潴龙河、薄洛之水、扶柳城（冀县西南）、苦陉（无极东北）、无极（正定西新城村）；战国中山北境有燕南长城、龙兑、汾门；战国中山西北有鸥之塞（唐县倒马关）、曲阳、丹丘、华阳；战国中山西境有中山西长城、井陉、行唐、石邑（获鹿西南）、获鹿、蒲吾（今平山）、桑中（平山东南）、乐阳等[4]。这样，我们大体把战国中山疆域轮廓勾画出来，得出一幅比较清晰的疆域图。在第七代战国中山王尚在赵惠文王三年（公元前296年）为赵所灭后迁于肤施，中山疆域基本为赵吞并。中山灭后，一直到公元前206年刘邦统一天下建立西汉王朝的九十年间，战国中山之事在历史上很少提及。但以刘邦为首的西汉王朝统治者，对西周以来的分封制度很感兴趣，所以在西汉初年消灭异姓王的同时，大封同姓王，延续分封制度，中山国的名号又出现在历史舞台上。不过，当时社会已经发展到封建社会初期，这种分封与周的分封有着本质的不同。

（二）西汉中山王国的历史背景

西汉中山王国与中山诸王陵是本书讨论的重点。在研究中山诸王陵之前，对于中山王国建立前的历史背景，即西汉初期的社会政治情况，就不能不谈。

公元前206年，即汉之元年，天下政局未定，诸侯分立，所谓"故据汉受命，谱十八王，月而列之，天下一统，乃以年数"。应劭曰："谱音补。项羽为西楚霸王，为天下主，命立十八王，王高祖于蜀汉。汉元年，诸王毕封各就国，始受命之元。"[5]公元前202年，汉王刘邦经五载战胜项羽，结束了楚、汉之争，建都于长安，史称西汉。刘邦称帝之初，由于连年战争，政局未稳，经济非常落后，人民需要休养生息，所以他采取一系列有利于政局稳定、发展封建经济的政策。首先安抚各诸侯国。当时所谓"功臣异姓而王者八国：张耳、吴芮、彭越、黥布、臧荼、卢绾与两韩信"[6]。封功臣异姓王是刘邦在当时不得已的情况下而采取的一种政策。因为这些人都是刘邦立国之初灭秦讨楚与他共打天下、立下了汗马功劳的大功臣。由于他们都手握重兵，成了刘邦的心腹之患。另一方面，刘邦在政治上"因秦制度，崇恩德，行简易，以抚海内"[7]，在安邦定国的情况下逐渐推行郡国制度。秦"分天下作三十六郡。汉兴，以其郡大，稍复开置，又立诸侯王国……凡郡国一百三，县邑千三百一十四，道三十二，侯国二百四十一"[8]，制度大为完备。

　　为平衡和分散异姓诸侯王的势力，西汉朝廷采取了一种过渡性政策，即立宗室为王。例如，刘贾为荆王、弟文信君刘交为楚王、兄宜信侯刘喜为代王，子刘肥为齐王[9]。从此奠定了西汉郡、诸侯国并置的基础，并且一直延续到汉终。汉初诸侯国势力颇大，一些异姓王多握重兵。汉高祖五年（公元前202年）正月，刘邦即皇帝位于汜水之阳，仅数月，燕王臧荼、梁王彭越、淮南王英布等相继谋反，使刘邦不得不用较大精力去镇压叛乱以稳定立国不久的西汉政局。异姓王的谋反，刘邦虽早已察觉，但也使汉初政权受到了严重的考验，所以高祖立下一系列制度，"故誓曰：'非刘氏不王，若有亡功非上所置而侯者，天下共诛之'"[10]。迄于汉文帝时，"异姓（诸王）尽矣"，即异姓王的势力逐渐都被消灭了，各郡、县的王侯皆为所封刘氏同姓。据《汉书·地理志》统计，郡国一百三当中，有同姓诸侯王国十九、侯国二百四十一，出现了同姓诸侯国和郡县分立的格局。但同姓诸侯国虽然都是皇帝的宗支，为争夺皇位，也造成了一定的不安定局面。即旧的异姓王争夺刘氏天下的矛盾解决了，却又出现了同姓王即宗室刘氏之间争夺皇权的斗争。这种争斗以文、景之时最为激烈，以致酿成景帝前元三年（公元前154年）春的"七国之乱"[11]。

西汉初年分封的同姓王国较汉兴时异姓王势力有所收敛，改变了各路诸侯分握重兵的局面，但其权力、制度仍一如从前，仍是地方割据势力。他们是西汉朝廷统一控制下所分封，皆皇帝的叔、兄、子、侄一辈。朝廷的目的，一是安抚这些同姓子弟，使他们安于职守，为朝廷尽职尽责，各有封地，也使他们利用各地的财富尽情享乐，只要他们老老实实，忠于朝廷，不图谋造反即可；二是各封国多设于郡内，郡守是地方上最大的官吏，受命于朝廷，对各诸侯国起着监督、检查的作用，郡守和诸侯王起着互相钳制的作用。当时朝廷不给他们过大的地盘和权力，这是吸取了汉兴时异姓王叛乱的教训。但事与愿违，诸侯王的欲望是无止境的。汉初分封的同姓王国"大者五六郡，城连数十"[12]，在地方上形成一大势力，封地颇广，郡守不能控制。如齐王刘肥占七十二城，吴王刘濞占五十余城，楚王刘交占四十城。由于诸侯王权力的膨胀，争夺皇位的斗争一直没有停止。就在景帝前元三年春，"吴王濞，胶西王印，楚王戊、赵王遂、济南王辟光、菑川王贤、胶东王雄渠皆举兵反"。吴楚等七国之反，是打着诛罚御史大夫晁错为名的。以前晁错曾上奏景帝"请诸侯之罪过，削其支郡"，理由是诸侯权力过大在各地为所欲为，又因封地过广，危及朝廷，因而请景帝削其封地，数其罪。但遭到朝廷实力派窦婴特别是爰盎等人的反对，爰盎建议景帝诛杀晁错。结果景帝听信盎言斩御史大夫晁错以谢七国，但吴楚七国仍然反叛。这次七国之乱震动了朝廷，"遣太尉亚夫、大将军窦婴将兵击之"。数月的时间，"斩首十余万级，追斩吴王濞于丹徒"。余王皆自杀。
"楚元王子艺等与濞等为逆……除其籍"[13]。这场叛乱总算平
息了。击吴、楚为将的邓公上书言军事，奏景帝说："吴为反
数十岁矣，发怒削地，以诛错为名，其意不在错……错患诸
侯彊（强）大不可制，故请削之，以尊京师，万世之利也……
景帝喟然长息，曰：'公言善，吾亦恨之。'"[14]然而，景帝为
平息七国谋乱，却先杀了晁错。中山王刘胜就是在"七国之
乱"后的五个月被册立的。景帝做皇帝不足三年，就发生如此
大的叛乱，使他不得不考虑对诸侯王控制，同时也吸取了七国
之乱的教训，采取一些措施，如将诸侯王、列侯的封地缩小，
王国由朝廷派太傅、丞相辅王。景帝中元五年（公元前145
年），令诸侯王不得复治国，改丞相曰相，省御史大夫等
官[15]，加强了监督作用。以当时封在今河北境内的诸侯王为
例，如景帝前元三年封的中山国十四县，其他如常山（真定）
国四县、广阳国（燕）四县、广平国十六县、赵国四县、河间
国四县、信都国十七县[16]。尽管如此，王国仍有很大的独立
性，官员除太傅、相由朝廷派遣外，余由诸侯王自己任用，其
一切制度仿朝廷。特别是武帝元光元年（公元前134年）施行
推恩之制，诸侯国地盘列地分封给子孙为列侯，面积越来越
小，朝廷监督加强。终汉之世，削王、夺爵者不乏其人，而诸
侯王、列侯"坐酎金免"者屡见[17]。

　　河北是西汉时期郡国较多的地区之一。当时除冀州和幽州
刺史所辖，按《汉书·地理志》统计的诸侯王国十九个，而河
北就有七个：冀州刺史领郡国十，而诸侯国有六，为广平、真
定、中山、信都、河间、赵国；幽州刺史领郡国十，诸侯国有
一，曰广阳。而常山、清河、代郡在汉初皆曾立过诸侯国。这

就不难看出，从汉高祖以来，朝廷一直对北方重视，郡守、诸侯王互相钳制，屏蔽北方，如同藩篱起到守土、护边的作用。

（三）西汉中山王国的建置、
疆域、人口、经济概况

西汉初年，国家贫困。到了文、景时期则大不相同了，由于皇帝亲自提倡农桑，使农业大为发展。文帝前元二年（公元前178年）正月诏：“夫农，天下之本也，其开籍田，朕亲率耕。”[18]景帝后元三年（公元前141年）正月诏：“其令郡国务劝农桑，益种树，可得衣食物。”[19]由于汉初七十年来休养生息，特别是经“文景之治”以后，人民生活安定，府库充盈，国家已是相当富足。“至武帝之初七十年间，国家亡事，非遇水旱，则民人给家足，都鄙廪庾尽满，而府库余财。京师之钱累百钜万，贯朽而不可校。太仓之粟陈陈相因，充溢露积于外，腐败不可食”[20]。汉帝国实力渐盛，内忧外患较少，国家安定，国库充裕，人民富足。当时县以上城邑发展密集，人口也较以前大为增加。刘胜被册立为中山王时，正是西汉帝国国力较为强盛的时期。

在汉景帝设置中山国以前，就已设立郡治。《汉书·地理志》载“中山国，高帝郡，景帝三年为国。莽曰常山，属冀州”，“高帝置中山郡，景帝封中山靖王胜，更为国”[21]。高帝置中山郡，应是在战国中山国疆域的基础上而设，战国、西汉时代相近，其疆域人们不会忘记。《史记·汉兴以来诸侯王年表》孝景前元二年（公元前155年）“初置中山，都卢奴”。又前元三年（公元前154年）“六月乙亥，靖王胜元年。景帝

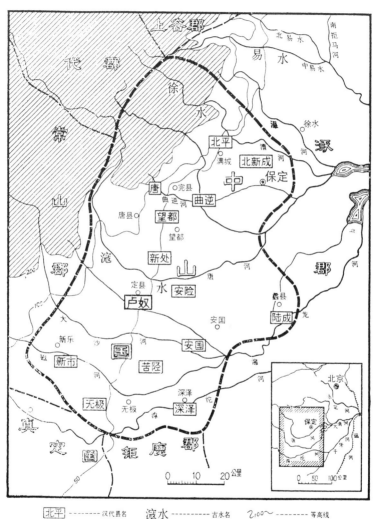

图一　中山国示意图

子"[22]。就是说景帝改中山郡为国是在册立子胜为中山王的前一年。册立的日期记载有出入。《史记》为景帝前元三年（公元前 154 年）"六月乙亥"，而《汉书·诸侯王表》是同年"六月乙巳"[23]，而《汉书·景帝纪》则仅书"夏六月……立皇子胜为中山王"，不书日期[24]。关于汉高祖立中山郡、景帝改郡为中山国，郦道元《水经注·滱水》与《汉书·地理志》记载略同，此不赘述。

《汉书》中对于各郡、国建置的记载和统计大抵是西汉末平帝元始二年（公元 2 年）的情况。景帝时中山国建置较记载或许有些出入，但不会相距太远。《汉书·地理志》"中山国，户十六万八百七十三，口六十六万八千八十，县十四：卢奴、北平、北新城、唐、深泽、苦陉、安国、曲逆、望都、新市、新处、毋极、陆成、安险"[25]。从这里可以看出中山王国的属县和户籍在十九个诸侯王国中，县数仅低于广平（十六县）、信都（十七县），而人口仅次于淮阳国，属第二位，另东平、鲁的户籍人口与中山相近。中山国版图大，土地膏腴，人民殷富，财赋充足，证明景帝对于王子刘胜在版图、户籍、财赋等方面给予优厚的待遇（图一）。

西汉中山国的位置，约当今河北省中部偏西，在太行山东麓兼有华北平原的一部分，包括今保定、石家庄两地区的部分市县。其北起满城、徐水一带，大约在漕河以南，徐水、漕河是同河异名，而徐水之名早见于《水经注·滱水》。战国之中山和燕的分界大体也是以徐水为界的，侯后赵灭中山，徐水以南成了燕、赵的分界地。满城至今有燕、赵村，保定市南大街有所谓"大列瓜"，谓为赵南、燕北之分界石的标志。更有趣的是西起易县、徐水经容城、雄县，东达文安的燕南长城，现

沿徐水瀑河南岸尚存有高大的土筑长城城垣，此段燕南长城
（又名易水长城）也就是西汉时期中山国北界。因为燕南长城
以南就是西汉中山国的北界北平（今满城）和北新城（约当今
保定）两个县了。再北为燕之涿郡，西北则为上谷和代郡[26]。
汉中山国南界大抵是东起深泽（汉深泽），沿滹沱河北岸西行，
在潴龙河上游经无极（汉无极）西到新乐（汉新市县）一线。
其南接汉之钜鹿郡，西南接真定国。汉中山国西境主要是沿太
行山东麓，自北而南为今完县、唐县（汉唐县）、曲阳、定县
（汉卢奴）到新乐一线，其西接常山郡。中山国东境包括清苑、
高阳、蠡县（汉陆成）、安国（汉安国）一线，东接涿郡。中
山国总平面呈现为东北向西南的斜长形，现京广线纵贯其中，
除了西北部很少一部分近山丘陵区外，国土绝大部分为土质肥
沃、水源充沛、适于耕作的平原区。境内河流主要是大清河水
系，包括了漕河（古徐水）、青龙河（曲逆）、唐河（滱水）、
潴龙河上游的大沙河、磁河和滹沱河等。这些河流几乎都见于
《水经注》的记载。西汉中山国能以十四县养活着中山王刘胜
家族和后代子孙分封的侯国、官府各级官吏以及六十六万多的
人口，反映出中山国的生产发展、经济繁荣、财赋充足和国势
强盛的情况。景帝时期，正是汉朝封建经济发展时期，也只有
在这种国家安定、经济发展的情况下，才能创造出高度文明和
光辉灿烂的物质文化来。

（四）汉中山国首府卢奴及其属县
的遗迹、遗物

《汉书·地理志》载，中山国有县十四，卢奴为首县。按

汉制首县即郡、国首府治所。卢奴犹如一国之都城，也是此时北方郡国都城中的政治、经济、文化中心之一。《读史方舆纪要》载："定州安喜县，今州治，汉曰卢奴县，中山国治焉。"《水经注·滱水》载："高祖立中山郡，景帝三年为王国，王莽之常山也。魏皇始二年，破中山，立安州。天兴三年，改曰定州治。水南卢奴县之故城。昔耿伯昭归世祖于此处也。滱水之右，卢水注之。水上承城内黑水池。地理志曰：卢水出北平，疑为疏阔。阚骃、应劭之徒咸亦言是矣。余按：卢奴城内西北隅，有水渊而不流，南北百步，东西百余步，水色正黑，俗名曰黑水池。或云水黑曰卢，不流曰奴。故此城藉水以取名矣。池水东北际水有汉中山王故宫处，台殿观榭皆上国之制。简王尊贵，壮丽有加。始筑两宫，开四门。穿北城累石为窦，通池流于城中，造鱼池钓台戏马之观，岁久颓毁，遗基尚存。今悉加土，为利刹灵图。池之四周，居民骈比，填堙秽陋，而泉源不绝。暨赵石建武七年，遣北中郎将始筑小城，兴起北榭，立宫造殿。后燕因其故宫，建都中山。小城之南，更筑隔城，兴复宫观，今府榭犹传故制。自汉及燕，池水经石窦，石窦既毁，池道亦绝，水潜流出城，潭积微涨，涓水东北注于滱。"[27]这里郦道元把汉中山王宫，后赵、后燕在中山王宫的基础上扩建的宫榭演变情况，一一描绘出来。这段文字比较明确地说明了以下几个问题：第一，滱水（今唐河）之南即汉卢奴故城，魏天兴三年（公元400年）改为定州治，一直延续至今。第二，卢奴名源于卢水，卢水之名起自当时城内西北隅之黑水池。所谓黑曰卢，不流曰奴。第三，郦道元所指在"池水东北际水有汉中山王故宫处，台殿观榭皆上国之制"，本是指西汉中山王宫而言，所谓上国之制即模仿朝廷皇家之制。东汉中山简王始筑两宫成为东西并列，开四门，北城穿垣、累石为窦，通黑水池于城中，造鱼池钓台戏马之观。第四，"池之四周，居民骈比，填褊秽陋"，民居较多。后赵筑小城，立宫殿。后燕因其故宫，建都中山于此，在小城南筑隔城。第五，郦道元时期距西汉已数百年，宫观颓废，基址尚存。总之，西汉以来中山王国首府卢奴，规模已相当可观。郦道元《水经注》记载了从西汉到北魏时卢奴城的发展、变化过程，而且比较客观清晰。

今定州城，明朝洪武时期因旧址增筑，城周十六里有奇，四门，壕阔十丈、深二丈。明以后又经几次扩展，其位置大体处于汉卢奴故城基址之上或略偏西南。明朝以前城垣卑小，明以后规制逐渐加大，汉黑水池应在今城西北。《元和郡县图志》载："黑水故池在州城西北，去县四里，周回百余步，深而不流。"中山王国宫城大体处于今城东北（公元 20 世纪 50 年代后曾在该址建疗养院）。这一带地势高亢（曾为清行宫众春园址，存雪浪斋、御书亭等），所以才能把黑水池水从西北引入王宫之中。所谓东北际水有故王宫即指此而言。今城东北垣之内外高地，汉魏瓦片累累，旧基颇多。1964 年，于定县城内东北角发现了北魏孝文帝太和五年（公元 481 年）于此建的塔。在塔基下地宫中出土石函一盒，函顶刻铭"舆驾东巡狩，次于中山，御新城宫"，又"于州东之门，显散之地，造此五级佛图"[28]。《定县志·舆地志·古迹篇·园亭》"中山后囿"条曰："又康熙志、旧志均载有新城宫。注云：州东北旧有汉中山靖王宫，后魏世祖即其故址，创为新宫，曰新城宫，今废。考魏世祖本纪，太延元年（公元 435 年）次定州新城宫。"[29]旧志考证中山靖王宫以及东汉中山简王宫为一地，惟简王扩建。北魏世祖于故址创新城宫,位于今定州东北隅。与城东北角发现太和五年铭石函记载位置相吻合。郦道元所观汉中山王宫处"岁久颓毁,遗基尚存。今悉加土,为利刹灵图",应是指北魏孝文帝于城东北所建五级浮图庙宇之事。这一带地势高低不平,内多汉魏基址,应是中山王宫和后赵、后燕、北魏的宫址、寺院基址遗存。

在今定州城西南兴无街发现宋净众院塔基,在塔基西出土"创修净众院记"碑一块。碑文记载有"净众院东距龟城,西临寇水,北枕慕容氏之高陵,南通皇都之大道"语,时在太宗端拱元年(公元 988 年)元月。宋时净众院尚在定州城西外侧,明初扩建定州时这一带才被套入西城之内。可以想象宋时定州基本还保存着汉到北魏时期城垣旧况,即东不出北魏石函处,亦即今东门内,西在净众院塔基以东。魏以前之城垣是方形的,南、北两垣即今南、北两垣一带,清、民国以来拓展主要是东、西两垣。

关于汉魏以来中山故城布局,根据《水经注》和地下出土有关资料,大致作如下推断:即汉中山卢奴故城位于今定县城东部,平面略呈长方形。城内建筑主要为王宫及民居。王宫有宫城,在卢奴城中部靠北,平面近长方形。东汉中山简王筑为东西两宫,已确知有四门。卢奴故城每面不超出四华里,较当时北方县城大,占据着现城之东部,北垣即今北垣,东垣即今东垣,南垣较今南垣靠北,西垣当在今州原招待所南北一线。宫城的东、南、西侧为市肆,城西北隅引黑水池入王宫中,构筑宫观台榭。东汉灭亡后,王宫已毁,成为废墟。后赵建武时期,于原中山王宫城之处(估计为西部)另筑小城。后燕建都中山于此,小城之南筑隔城。北魏初于此创新城宫,所以孝文帝幸新城宫，并于东门内闲散之地修筑塔寺。北魏以后屡有增改，但不离旧址。

北平，故县址在今满城北城北村。城址平面方形，长、宽均1000米，城墙夯筑存高6～7米[30]。据《水经注·滱水》载，徐水又经北平县，县界有汉熹平四年幽冀二州，以戊子诏书，遣冀州从事王球，幽州从事张昭，郡县分境，立石标界[31]。古徐水即今之漕河，徐水县即以其名。漕河在今满城县北，城北村旧城（汉北平故县）之北，刚好与《水经注》记载"徐水又经北平县"相吻，这里原有幽、冀二州之分界石，即古徐水（今漕河）以南属汉中山国（北平县），北属涿郡。

曲逆，《读史方舆纪要》载"曲逆城在县东南二十里"[32]。又据我们调查，今完县东南二十里大王村有古城一座，即曲逆故城，一名子城，俗称"丹朱城"。其时代属战国到西汉时期，城垣高大，城址平面作方形，方向正南北，东西宽2500米，南北长2500米，城垣现存高5米，基宽12米，厚3～5米不等，夯土筑成，保存尚好。城内出战国、汉代瓦当，尚发现有大量汉代陶器片、陶窑址等。城南有自西而东流的曲道河，一名青龙河。此为曲逆故城似无疑问。据记载，曲逆，东汉章帝改曰蒲阴，隋大业初废[33]。

北新城，《读史方舆纪要》载"北新城废县，在安肃（今徐水）县西南二十里，汉县盖治此"[34]。又《河北通志稿》援引《清一统志》载"汉置。阚骃曰：河间有新城，故此加'北'，后魏去'北'字，北齐仍曰北新城，寻省入清苑"[35]。

唐县，《河北通志稿》载"唐县故城在（今）唐县东北二十五里故城村"[36]。《元和郡县图志》载"唐县东南至（定）州五十里，本春秋时鲜虞邑，汉唐县之地，即古唐侯国"[37]。

深泽，《读史方舆纪要》载"汉置深泽县，属中山国，今县治是也"[38]。又《元和郡县图志》载"深泽县西北至（祁）州九十里，本汉南深泽县也，以涿郡有深泽县，故此加'南'以别之，属中山国"。校勘记考证，今本《地理志》以南深泽县属涿郡，中山国深泽无"南"字，误[39]。

苦陉，《读史方舆纪要》"苦陉城在（无极）县东北二十八里……汉置县，属中山国"。

安国，《河北通志稿》载"安国故城在县南三十里固城村。《清一统志》：汉初封王陵为侯国，后为县"[40]。

望都，故城在望都县西北十七里故县村。《清一统志》载"本战国时赵庆都邑……汉置望都县。《读史方舆纪要》谓望都故城在县西北七里盖指此，但遗漏'十'字耳"[41]。

新市，《河北通志稿》载"新市故城在新乐县西南二十五里城西村。《清一统志》云：《元和志》汉为新市县地……新乐者成帝时中山孝王母冯昭仪随王就国，王建宫于乐里，在西乡，因呼为西乐城。时人语讹，呼西为新，故为新乐。旧志：新乐故城遗址尚存"[42]。

新处，《河北通志稿》载"新处故城在定县东北。《清一统志》汉置属中山国。武帝封中山靖王子嘉为侯邑"[43]。《读史方舆纪要》载"新处城在（定）州东北，汉县，属中山国……故城在州东三十里"[44]。

无极，《河北通志稿》载"毋极故城在无极县西二十五里新城村。《元和志》：无极县北至定州八十里，本汉毋极县，属中山国……毋极故城在今县西。《县志》云：遗址犹存"[45]。

陆成，《读史方舆纪要》载"陆成废县，（在博野）县南十六里，汉置陆成县，属中山国。武帝封中山靖王子贞为陆成侯，邑于此"[46]。

安险，《河北通志稿》载"安险故城在定县东三十里，一名安熹。《清一统志》：汉置安险县，属中山国。武帝封中山靖王子应为侯邑，后汉章帝更名安熹"[47]。

东汉时期中山国，大体延续西汉中山的地理和疆域，只是部分属县有所变化，面积也较前略微缩小。据《后汉书·郡国志》东汉中山国有"十三城，户九万七千四百一十二，口六十五万八千一百九十五"[48]，包括卢奴、北平、母极、新市、望都、唐、安国、安熹（本安险，章帝更名）、汉昌（本苦陉，章帝更名）、蠡吾（故属涿）、上曲阳（故属常山）、蒲阴（本曲逆，章帝更名）、广昌（故属代郡）。这十三城中有十城为西汉中山国故县，而这十城中又有安熹、汉昌、蒲阴三县是在章帝时从安险、苦陉、曲逆这三县更名而来。余如蠡吾，侯国，由涿郡徙置，上曲阳由常山徙置，广昌由代郡徙置。《读史方舆纪要》载"上曲阳城在今（曲阳）县西四里，《括地志》赵邑也。赵武灵王伐中山，合军曲阳即此。汉置上曲阳县，以在太行山之阳转曲处而名，后移今治……"。"蠡吾城，在（蠡）县东二里，汉县"。"广昌（蔚）州南百五十里……古飞狐也。汉置广昌县属代郡，后汉属中山国……"。由此可见，东汉中山国的疆域，西南部比西汉中山国疆域缩小，而西北部扩大，东部、东北部大体维持原来的疆界线。

（五）反映汉中山国情况的石刻资料

1959 年河北省文物工作队发掘定县北庄东汉中山简王刘焉墓，除了出土玉衣等大量珍贵文物，在筑墓石料中还发现带有文字的石刻或墨本题铭一百七十四方[49]（根据后来调查，实际数字还要多些[50]。据调查，1962 年出土的一批石刻有的已被利用修筑水闸、坝堰等，同时墓壁砖当时并未挖完）。1992 年秋，刘焉墓地处兴建铁路货场，当时又作了一次发掘，出土了一部分刻石题铭，今存定州市博物馆石刻陈列室。刘焉墓共出土石料四千余方。每方长宽各 1 米左右，厚约 25 厘米，重约 300 公斤。在这些石料中，铭刻或墨书题字的只占少数。题铭的内容和行文基本一致，包括了石料的产地、石工的来源（属地）和姓名等，有一部分为重复。可能多属石工所题，即做完一方石料后刻上自己的派工郡、石工的家乡居处、姓名等。石工的属国有中山国、梁国、东平国、常山郡、山阳郡、鲁国、河东郡、河内郡八个郡国，其中以中山国为最多；属县有卢奴、北平、北新城、唐、安险、望都、苦陉、安国、曲逆、新市、毋极十一县。这些县名都见于《汉书·地理志》，属西汉时期的建置。而东汉章帝时更改的几个中山国县名，如安险更名安熹、苦陉更名汉昌、曲逆更名蒲阴等，在石刻题铭中均未出现[51]。这说明采取石料时仍延用西汉建置的名称，所以报告把墓葬年代下限断在章帝章和末年（公元 88 年）以前，与《后汉书·中山简王焉传》记载刘焉死于永元二年（公元 90 年）是接近的。这里石刻题铭中有价值的史料是记载了中山国首府卢奴及其属县的大部分名称。一是证实《汉书·地理志》所载中山国建置的可靠性，二是提供西汉中山国疆域的四至轮廓和今天的建置沿革变化可以大体相印证，是直接的佐证资料。在石料来源中以"北平石"料和"望都石"料为最多，其次有"上曲阳"、"唐"等，而石工也以北平（今完县、满城）、望都（今望都、唐县）为多。历史上的北平、望都、唐、上曲阳（今曲阳）盛产石材，如唐县、曲阳发现大批北朝以来的汉白玉石刻造像就与出产天然石材有关。更重要的是能工巧匠辈出。西汉中山靖王夫妇墓的巨大洞窟开凿于山石中，没有北平、唐、望都、上曲阳的大批石工为其役使是不可想像的。刘胜、窦绾墓中的汉白玉石刻男女侍者像、两墓中的汉白玉石卯榫嵌砌的石室用料和唐县、曲阳一带出产的汉白玉石料也是相同的。

注　释

［1］李学勤《平山墓葬与中山国文化》，《文物》1979 年第 1 期。

［2］黄盛璋《关于战国中山国若干问题的辨证》，《文物》1979 年第 5 期。

［3］河北省文物研究所《王�墓》第六章《结语》，文物出版社 1995 年版。

［4］郑绍宗《略谈战国时期中山国的疆域问题》，《辽海文物学刊》1992 年第 2 期。

［5］《汉书·异姓诸侯王表》，中华书局标点本。

［6］《西汉会要》卷三十三、《职官三》，上海人民出版社 1977 年版。

［7］《汉书·地理志》，中华书局标点本。

［8］同注［7］。

［9］《汉书·高帝纪》，中华书局标点本。

［10］《汉书·外戚恩泽侯表》，中华书局标点本。

［11］《汉书·景帝纪》，中华书局标点本。

［12］《史记·汉兴以来诸侯王年表》，中华书局标点本。

［13］同注［11］。

［14］《汉书·爰盎晁错传》，中华书局标点本。

［15］《西汉会要》卷三十三《职官》，上海人民出版社 1977 年版。

［16］《汉书·地理志》，中华书局标点本。各诸侯政区的设置，是以汉平帝元始二年（公元 2 年）为准，和西汉初年情况可能有出入。

［17］各诸侯、列侯按年交纳贡奉宗庙祝祭用的贡金，以黄金斤、两或成色不好而夺爵、国除，被免为庶人。

［18］《汉书·文帝纪》，中华书局标点本。

［19］同注［11］。

［20］《汉书·食货志》，中华书局标点本。

［21］《西汉会要·方域》卷六十四，方域一。

［22］《史记·汉兴以来诸侯王年表》，中华书局标点本。

［23］《汉书·诸侯王表》，中华书局标点本。

［24］同注［11］。

［25］同注［7］。

［26］徐浩生《燕国南长城调查报告》，《环渤海考古国际学术讨论会论文集》，知识出版社 1996 年版。

［27］《水经注·滱水》卷十一，国学正理社 1936 年版。

［28］《河北出土文物选集》第 60 页，文物出版社 1981 年版。

［29］《定县志》卷二，中国地方志丛书第二○四号，民国二十三年刊本。

［30］《保定地区文物资料汇编》第 82 页，保定地区文物管理处 1981 年编印。

［31］同注［27］。

［32］《读史方舆纪要》卷十二，直隶三，光绪乙亥春月慎记书社石印。

［33］同注［30］。

［34］同注［32］。

［35］《河北通志稿》地理志，古迹，民国，燕山出版社出版。

［36］同注［35］。

［37］《元和郡县图志》卷十八，中华书局 1983 年版。

［38］同注［32］。

［39］同注［37］。

［40］同注［35］。

［41］同注［35］。

［42］同注［35］。

［43］同注［35］。

［44］《读史方舆纪要》卷十四，直隶五，光绪乙亥春月慎记书社石印。

［45］同注［35］。

［46］同注［32］。

［47］同注［35］。

［48］《后汉书·郡国志》，中华书局标点本。

［49］河北省文物工作队《河北定县北庄汉墓发掘报告》，《考古学报》1964 年第 2 期。

[50]《报告》所说的只是收回的数字，包括当时发掘出土的数字和 1962 年又出土
的一批均已补入《报告》。

[51] 同注 [7]。

二　汉中山诸王陵与刘胜家族的盛衰

前面简单地研究了作为西汉十九个同姓（刘氏）诸侯国之一的中山国的历史背景以及它的人口、疆域、建置概况。下面要着重对中山国王刘胜家族的形成与发展、有关各代中山王陵的文献记载和实际的发现与分布情况进行一些研究。刘胜及其子孙在西汉历史上活跃了一个多世纪，但《史记》和《汉书》中记载这个家族的情况并不太多，而且也不系统。这就需要我们进行一番整理。至于刘胜以下中山诸王陵的记载就更少，而且对诸王陵位置的推断错误极多。例如，满城陵山第一代中山靖王刘胜墓在文献记载上就存在疏漏等。

（一）中山靖王刘胜家族的盛衰

西汉经过"文景之治"以后，国家安定，黎民殷实，已走入繁盛时期。刘胜就是在这样一个盛期被景帝册立为中山国王的。在《史记·五宗世家》和《汉书·景十三王传》中都有他的传记，二者内容基本相同，惟《史记》过于简略。汉景帝刘启（公元前156～前141年），文帝太子，母窦皇后。景帝有十四子。王皇后生孝武皇帝。其余"凡十三人为王，而母五人，同母者为宗亲。栗姬子曰荣、德、阏于。程姬子曰余、非、端。贾夫人子曰彭祖、胜。唐姬子曰发。王夫人儿姁子曰越、寄、乘、舜"[1]。刘胜为贾夫人所生，和赵敬肃王彭祖为同母兄弟。

《汉书·景十三王传》载，中山靖王刘胜以孝景前元三年立，"胜为人乐酒好内，有子百二十余人。常与赵王彭祖相非曰：'兄为王，专代吏治事。王者当日听音乐，御声色。'赵王亦曰：'中山王但奢淫，不佐天子拊循百姓，何以称为藩臣！'四十三年薨。子哀王昌嗣，一年薨。子康王昆侈嗣，二十一年薨。子顷王辅嗣，四年薨。子宪王福嗣，十七年薨。子怀王循嗣，十五年薨，无子，绝四十五岁。成帝鸿嘉二年复立宪王弟孙利乡侯子云客，是为广德夷王。三年薨，无子，绝十四岁。哀帝复立云客弟广汉为广平王。薨，无后。平帝元始二年复立广川惠王曾孙伦为广德王，奉靖王后。王莽时绝"[2]。刘胜常与赵王彭祖相非曰"兄为王，专代吏治事"，是彭祖为长。刘胜和武帝刘彻为异母兄弟，在其与武帝《闻乐对》中说"臣虽薄也，得蒙肺腑；位虽卑也，得为东藩，属又称兄"。颜师古曰"言于戚属为帝兄"[3]，自言他是武帝刘彻的庶兄。他和彭祖虽长于刘彻，但由于其母贾夫人未得景帝宠幸而未得立。景帝前元三年（公元前154年）立皇子刘胜为中山王，刘胜在位四十二年[4]，卒于武帝元鼎四年（公元前113年）。《史记》和《汉书》对刘胜的生年均未记载，但既为武帝之庶兄，长于武帝是没问题的。《汉书·武帝纪》载，后元二年（公元前87年）二月"丁卯，帝崩于五柞宫"。臣瓒曰"帝年十七即位，即位五十四年，寿七十一"。从武帝死年向前推七十一年，刚好为文帝刘恒后元七年（公元前157年）。刘胜生年当在武帝之前即文帝后元七年之前，即景帝为太子时所生。景帝为太子时间较长。《汉书·景帝纪》后元三年（公元前141年）"正月甲子，帝崩于未央宫"。臣瓒曰"帝年三十二即位，即位十六年，寿四十八"。景帝为太子时已是妻室儿女满堂了。从刘胜卒年元鼎四年（公元前 113 年）向前推到文帝后元七年（公元前 157 年），即武帝生年之前，刘胜尚未立为王。又三年（公元前 154 年）刘胜立为王，当时约十五岁左右。加上在王位的年数，其寿年当在五十七岁左右。

西汉时期的统治阶层中刘氏和窦氏的关系是比较密切的，特别是文、景时期，一为皇族，一为外戚，皆地位显赫。刘胜作为刘氏皇族中的重要成员，他的祖母即文帝之皇后，也是景帝之母，就是汉史中赫赫有名的窦太后。《汉书·外戚传》载："孝文窦皇后，景帝母也……孝惠七年（公元前 188 年）生景帝……及代王（文帝）为帝后……窦姬男最长，立为太子。窦姬为皇后……文帝崩，景帝立，皇后为皇太后，乃封广国（后弟）为章武侯。长君（后兄）先死，封其子彭祖为南皮侯。吴楚反时，太后从昆弟子窦婴侠，喜士，为大将军，破吴楚，封魏其侯……太后后景帝六岁。"[5]窦太后小文帝六岁。文帝于后元七年（公元前 157 年）夏六月己亥崩于未央宫。臣瓒曰"帝年二十三即位，即位二十三年，寿四十六也"。当时窦太后四十岁。又《汉书·武帝纪》载，建元六年"五月丁亥，太皇太后崩"。武帝建元六年（公元前 135 年）太后已 62 岁，太后影响朝政四十五年。景帝时，窦氏兄弟依太后之势，三人为侯，以窦婴权柄为最。窦婴，观津人，武帝初曾为丞相，后与灌夫朋党，灌夫罪致族，他也以矫先帝遗诏弃市[6]。从满城陵山发掘的靖王后窦绾墓来分析，她有可能是窦太后娘家人。窦太后，观津人。《汉书·地理志》载"信都国……县十七……观津"[7]。观津县在今河北武邑县东南一带，距中山较近。刘胜为王时，正是窦太后盛时，将窦氏女许配刘胜为妻实行政治联姻是完全可能的。她应是后兄长君、后弟广国或昆弟窦婴的家人。以辈分而论，刘胜为太后孙，而窦绾可能为太后娘家的侄孙女辈。郭沫若先生在世时曾经津津乐道地谈论此事，也是事出有因的，毕竟是刘、窦两家构成中山王国第一代家族的重要根基。刘胜、窦绾为第一代王、后。刘胜的妻妾不只窦绾一人。按《汉书·景十三王传》所载："刘胜为人乐酒好内，有子百二十余人。"[8]《史记·五宗世家》对刘胜为人作了简明的分析："胜为人乐酒好内，有子枝属百二十余人。"赵王彭祖说："中山王徒日淫，不佐天子拊循百姓，何以称为藩臣！"[9]总之，刘胜一生妻妾成群，儿孙颇多，所以他不可能只是王后窦绾一妻，还有更多的姬、夫人等。由此可以推断，满城陵山上所埋葬的并非王后窦绾一人，可能还有姬、夫人等。由于刘胜日耽于酒色，遭到其同母兄赵王彭祖的非议和批评。

刘胜对政治并不是不关心，而是对朝廷忠贞臣宰极端仇恨，特别是那些主张对诸侯国削藩、夺爵的人，如晁错等，并且为被早已平息的吴楚七国鸣冤叫屈。其思想集中表现在他朝见武帝时的《闻乐对》中。《汉书·景十三王传》载："建元三年，代王登、长沙王发、中山王胜、济川王明来朝，天子置酒，胜闻乐声而泣。问其故，胜对曰：臣闻悲者不可为累歔，思者不可为叹息……臣虽薄也，得蒙肺腑；位虽卑也，得为东藩，属又称兄。今群臣非有葭莩之亲，鸿毛之重，群居党议，朋友相为，使夫宗室摈却，骨肉冰释。斯伯奇所以流离，比干所以横分也。诗云：'我心忧伤，惄焉如捣；假寐永叹，惟忧用老；心之忧矣，疢如疾首'，臣之谓也。具以吏所侵闻。于是上乃厚诸侯之礼，省有司所奏诸侯事，加亲亲之恩焉。其后更用主父偃谋，令诸侯以私恩自裂地分其子弟，而汉为定制封号，辄别属汉郡。汉有厚恩，而诸侯地稍自分析弱小云。"[10]
刘胜《闻乐对》一番话，是针对当时晁错等提出加强对诸侯的
控制，缩小封地，削藩夺爵而言的。特别吴楚七国之乱后，直
接侵害了诸侯国的利益，而遭到一些诸侯的不满。他建议武帝
不要任臣下吹毛求疵，损伤骨肉至亲，要维护先帝广封连城、
诸侯如林的分立局面。武帝听了刘胜一番话，似有所触动，
"厚诸侯之礼，省有司所奏诸侯事，加亲亲之恩"。刘胜虽暂时
维护了中山国的权益，但后来由于武帝采取了推恩的政策，使
诸侯国土愈分愈小，而国力也越益削弱，中山国也自然不例
外。

　　总之，中山王刘胜的一生是吃、喝、玩、乐的一生，政治
上反对封建统一，主张分立，客观上起了维护封建诸侯国权力
和削弱中央集权的作用。由于他和子孙不造反，所以中山国传
了一百多年一直平平安安。所谓的推恩政策，是汉武帝时采取
的一项极其重要的政策，也是吸收了吴楚等七国之乱的经验后
削弱诸侯国权柄的一种政策。按照汉初制定的二十等爵制规定
郡国诸侯王是爵位最高的一级。汉高祖十二年（公元前195
年）三月诏曰："其有功者上致之王，次为列侯，下乃食邑。
而重臣之亲，或为列侯，皆令自置吏，得赋敛，女子公主。为
列侯食邑者，皆佩之印，赐大第室。"[11]诸侯王列侯地位，仅
次于天子，享有至高无上的权力，可自置郡国中的一切官仪制
度，从民间取赋而自用，食采邑等。到了景帝时期暴露出诸侯
国权力横溢、侵暴朝廷、犯上作乱的情况。武帝则一改旧章，
采取了一种缓和的推恩政策，表面看既不伤诸侯又更维护朝廷
利益。《汉书·主父偃传》载："偃说上曰'古者诸侯地不过百
里，彊弱之形易制。今诸或连城数十，地方千里，缓则骄奢易

为淫乱，急则阻其彊而合从以逆京师。今以法制削，则逆节萌起，前日朝（晁）错是也。今诸侯子弟或十数，而适嗣代立，余虽骨肉，无尺地之封，则仁孝之道不宜。愿陛下令诸侯得推恩子弟，以地侯之。彼人人喜得所愿，上以德施，实分其国，必稍自削弱矣'。于是上从其计。"[12]所谓推恩就是诸侯王以私恩裂地分封其子弟，由朝廷定制，皇帝加封号。表面上是皇帝的恩泽，而实质是诸侯王的封地越来越小，在王国中出现了许多国中之国的小侯国。这些小侯国不是一劳永逸，朝廷又以种种理由限其发展。如由于交纳酎金等成色或斤两不足等而被夺爵、国除和贬为庶人，封土则归于属郡。这实际是一种削弱诸侯国而扩大郡县，以巩固中央集权的一种方法而已。汉代对宗祖之祭祀视为大事，太上皇、高皇帝以下各帝均立庙，而郡国亦如是。到了宣帝时，"祖宗庙在郡国者六十八，合百六十七所"[13]，所以郡国诸侯王列侯除在本地致祭外，每年还要到京祖庙致祭。这不只是简单的致祭，而是有着重要政治内容。汉武帝元鼎五年九月，列侯坐献黄金酎祭宗庙不如法夺爵者百六人，丞相赵周下狱死。服虔曰："因八月献酎祭宗庙时诸侯各献金末助祭也。"如淳曰："汉仪注：'诸侯王岁以户酎黄金于汉庙，皇帝临受献金，金少不如斤两，色恶，王削县、侯免国'。"师古曰："酎，三重酿，醇酒也。"一酎金不如法，武帝一次夺爵百六人。中山国刘胜子孙因酎金不合夺爵免国者不乏其人。每八月献酎金，对诸侯王、列侯都是一次大约束和灾难。

按照《汉书》中的《景十三王传》、《宣元六王传》、《诸侯王表》记载，西汉中山国前后共有十王，但不都是靖王刘胜的子孙。现将其在位年数，列表如下：

名称	在位时间	在位年数	备注
靖王胜	景帝前元三年（公元前154年）至元鼎四年（公元前113年）	四十二年	《汉书·中山靖王胜传》（以下简称《刘胜传》）误作在位四十三年。
哀王昌	元鼎五年（公元前112年）至元鼎六年（公元前111年）	二年	史表作元鼎五年死。
穅王昆侈	元封元年（公元前110年）至征和三年（公元前90年）	二十一年	史表作元鼎六年嗣位；史表及《刘胜传》中"穅"作"康"。
顷王辅	征和四年（公元前89年）至后元二年（公元前87年）	三年	《刘胜传》误作在位四年。
宪王福	始元元年（公元前86年）至本始四年（公元前70年）	十七年	
怀王脩	地节元年（公元前69年）至五凤三年（公元前55年）	十五年	《刘胜传》"脩"作"循"，无子绝。
哀王竟	初元五年（公元前44年）至建昭四年（公元前35年）	十年	宣帝子，葬杜陵，无子绝。
孝王兴	阳朔二年（公元前23年）至绥和元年（公元前8年）	十六年	元帝子
箕子	绥和二年（公元前7年）至元寿元年（公元前2年）。	六年	元寿二年立为皇帝，即平帝，葬康陵。
成都	元始元年（公元1年）至初始元年（公元8年）	八年	孝王侄孙，王莽称帝后，贬为公。

（本表采自《满城汉墓发掘报告》第336页，文物出版社1980年版。）

汉中山国十王中，有六王是景帝之子刘胜及其所传，共计九十九年。由于怀王脩无子，绝嗣。脩以后为中山王者，已不是刘胜的直系子孙。脩后，其王位由宣帝子哀王竟继封，无子绝。又由元帝子孝王兴继封。到下一代箕子被推为皇帝，即平帝。最后一代也就是第十代中山王，由中山孝王兴的侄孙刘成都继封，王莽时贬为公。十代中山王共计一百六十二年，中山哀王前后断断续续约二十三年（实为一百三十九年）。十王埋葬地点也是世人关心的事。"哀王竟为孝宣皇帝子，戎婕所生。初元二年立为清河王，三年徙中山，以幼少未之国。建昭四年薨邸，葬杜陵，无子，绝"[14]。中山孝王兴系孝元皇帝之子，冯昭仪所生。元帝"建昭二年（公元前 37 年）〔立〕为信都王，十四年（公元前 24 年）徙中山……三十年（公元前 8 年），薨，子衎嗣。七年（公元前 2 年），哀帝崩，无子，征中山王衎入即位，是为平帝"。师古曰："诸侯王表云'中山孝王薨，绥和二年王箕子嗣'。"[15]此嗣位之时名为箕子，未讳衎。衎为史家追书。平帝葬康陵，不在中山。最后所立刘成都，乃东平思王孙桃乡侯子，按辈分为孝王兴侄孙，在位八年。这样十代中山王中哀王竟、箕子即平帝分别葬杜陵和康陵，二陵都在陕西西安附近的渭原上。尚存八王基本可以肯定埋葬在中山国首府卢奴及其附近属县。

根据史料记载，靖王以下诸王之子孙裂土为侯者，也大都在中山国所属各县。《汉书·王子侯表》记中山靖王胜在位四十二年中，有十九子封为侯。类似靖王子为侯之多，同时期诸王中不多见。中山康王、中山顷王子为侯者各一人，这里不包括中间隔一、二代又立为王或侯者，如中山宪王弟孙利乡侯子云客立为广德夷王等。凡为中山属县之侯国，一般死后即葬于

本国。但就刘胜之子而言，许多就封于他国、郡县。中山靖王
子为侯者有广望节侯忠、将梁侯朝平、薪馆侯未央、陆城侯
贞、新处侯嘉、陆地侯义、临乐敦侯光、东野戴侯章、高平侯
喜、广川侯颇、乘丘节侯液、高丘哀侯破胡、柳宿夷侯盖、戎
丘侯让、樊舆节侯修、曲成侯万岁、安郭于侯传富、安险侯
应，安道侯恢；中山康王子为侯者有成献侯喜；中山顷王子为
侯者有利乡孝侯安等。其中靖王子陆城侯贞、新处侯嘉、安险
侯应就封于中山本境内，余皆就封于河北及其他郡国。

（二）定州唐河两岸大型汉墓群与
西汉中山诸王陵位置的确定

汉中山诸王陵的发现与研究是近几十年的事。过去，由于
考古工作开展缓慢，致使一些重要遗迹现象认识上不去，即使
发掘了，由于研究工作跟不上，也没有科学的定论。近几十年
的情况就不同了。一是根据文献记载，进行有计划有目的的发
掘；一是配合基建的需要进行抢救发掘。汉中山诸王陵就是在
这种情况下被发掘并逐步加以认识的，而且是成批家族墓地被
发现。刘胜墓是在基建施工中一个偶然的机会被发现的，但在
学术上却解决了许多悬而未决的问题。

1. 定州西汉中山王陵

汉代中山王陵的情况，不论在陵墓的分布地域上和各陵区
组合排列上，还是包括地面坟丘和陵园的营建上，从目前已确
定的几处王陵的情况分析，再从和中山国同时期诸侯国发现情
况相比较，均与西汉十一帝陵的分布情况有些类似。这里不妨
先看看西汉十一帝陵的分布情况：陕西西汉十一帝陵有两座

（文帝霸陵、宣帝杜陵）在今西安的东、南郊，有九座在渭河北岸的咸阳原上，自西而东的排列顺序是：武帝茂陵、昭帝平陵、成帝延陵、平帝康陵、元帝渭陵、哀帝义陵、惠帝安陵、高祖长陵、景帝阳陵[16]。西汉诸帝陵都有高大的覆斗形坟丘，用夯土筑成。武帝茂陵坟丘最大，每边长 230 米，高 46.5 米；其他略小，一般每边长 150～200 米左右，高约 30 米。陵园外筑围墙，作长方形。后妃陵较小，一般位于帝陵东侧，个别例外。陪葬墓也多葬在帝陵东侧或东北侧，现存有一百七十五座。高祖长陵侧面有陪葬墓六十三座，西安杨家湾第四、五号墓（出银缕玉衣片，推断为周勃、周亚夫父子墓），安陵十一号墓都进行了发掘[17]。西汉帝陵分布排列情况，也为各诸侯国所效仿，基本是第一代诸侯王就国后，死后如无特殊情况，一般葬于本国首府附近，子孙亦如是。就河北目前已发现的定州西汉中山王陵、获鹿西汉常山王陵、河间西汉献王陵以及冀县信都国王陵的分布情况，大体都效仿西汉十一帝陵。西汉中山王陵在《水经注》、《太平寰宇记》、《读史方舆纪要》、《清一统志》等书中都有或多或少的记载，对各王陵位置推断有着重要的参考价值。

《水经注·滱水》载："滱水又东径京丘北，世谓之京陵，南对汉中山顷王陵。滱水北对君子岸，岸上有哀王子宪王陵。坎下有泉源积水，亦曰泉上岸。滱水又东径白土北，南即靖王子康王陵，三坟并列者是……滱水又东径汉哀王陵，北冢有二坟，故世谓之两女陵。非也，哀王是靖王之孙、康（穅）王之子也。"[18]按宪王乃顷王之子，康王为哀王之子、靖王之孙，郦道远《水经注》记载之颠误是很明显的。又《太平寰宇记》第六十二卷引郎蔚之《隋州郡图经》记载："中山有赵惠文王陵，汉中山怀王陵、简王、哀王、顺王、夷王等陵也。"按西汉和东汉皆无顺王陵。疑为西汉顷王陵，而简王、夷王皆东汉中山王陵。两汉王陵特别是西汉中山诸王陵，多沿滱水（今唐河）两岸分布。它们和西汉十一帝陵在渭河沿岸的分布情形有些相似。这里提到的滱水沿岸的西汉中山四陵有哀王（昌）、康王、顷王、宪王。《隋州郡图经》中还提到有怀王陵。《水经注》中没有涉及第一代中山靖王陵，恰好靖王陵不在定州滱水沿岸，而在当时中山国的北平（今满城县陵山）。至于今定州城西之"靖王坟"，乃系后人伪托（另节考辨）。另外，中山孝王兴和末代王刘成都的陵墓均未提到。《太平寰宇记》中记载的东汉中山简王焉（公元39～90年），已在定县北庄发掘。焉子夷王宪墓（公元91～112年）未见。穆王畅（公元141～174年）为已发掘的北陵头四十三号墓所证实。

对于已有记载的各陵位置，早在公元20世纪初撰写的《定县志》中就有一定的分析和考证。由于近几十年来的考古发掘，至少有一部分两汉时期的中山王陵得到证实，纠正了过去记载中的一些谬误。

（1）顷王辅陵。《定县志》谓京丘。京陵位置在今定州城关西北一华里之王京、陶丘二村。所谓南对"顷王陵"，可以确知顷王陵在滱水（唐河）之南岸无疑[19]。

（2）宪王福陵。宪王乃顷王子，埋处相近合乎情理。《水经注》谓"北对君子岸，岸上有哀王子（应为顷王子）宪王陵"。《定县志》确指君子岸在定州城西岸上、岸下二村，推断宪王陵在滱水（今唐河）北侧的岸上村。

（3）穅（康）王昆侈陵。《水经注》谓"滱水又东径白土北，南即靖王子（应为哀王子）康王陵，三坟并列者是"。《定县志》谓白土，即今郝白土东三盘山为三坟并列，指为哀王昌子康王陵。三盘山在今定州城西北 1.5 公里，1965 年发掘出的西汉时期大型刘氏族墓，有可能为康王家族墓地。

（4）哀王昌陵。《水经注》谓"滱水又东径汉哀王陵，北冢有二坟。"依据地望推之，定州城东北 2.5 公里高头村有马鞍形大墓二座，附近还有一些小型土冢。《定县志》推断所谓"北冢有二坟"，位置和高头村大墓相符合，有可能是哀王昌及其家族墓地。

（5）怀王脩陵。《太平寰宇记》、《隋州郡图经》均记载其王陵在定州附近。1962 年发掘的定县城西南八角廊村南四十号汉墓曾出金缕玉衣，时当西汉五凤三年（公元前 55 年）。村东、村南均有大冢，故定为怀王脩及其家族墓地[20]。

（6）第一代中山靖王刘胜墓，已为满城陵山大型石室墓发掘所证实[21]。

（7）定州城西南的陵北村有高大土冢。《定县志》疑为王陵之一。因其位于诸王陵之西南，而且高大异常，分析亦有可能为史料未记载的"孝王兴陵"。

（8）中山末代王成都，王莽称帝后贬为公。他的王陵有可能葬定州附近，但已不可能再造大陵墓。

在确定定州附近西汉时期中山王陵的时候，不能不牵涉到定州墓群的时代问题。在定州城关附近分布着几十处大大小小的墓葬群，群众称之为"古墓"、"古冢"、"皇粮堆"等，比较集中地分布在城西、城南和城东南一线。据 1976 年以来的普查材料证实尚存有古墓二百八十一座，分布在城周的数十个乡村。它们三五一群，最多达到十几座到二十座以上。已经发掘的比较著名的有三盘山大墓（群）、北庄子大墓、城西南八角廊大墓、北陵头大墓都属两汉中山王陵。此外，定州城东高头大墓、陵北村大墓气势宏伟，分析也属王侯一级。这些墓群的时代，大部分属于两汉，有的可晚到魏晋十六国时期，一般不会晚到隋朝。从墓群的分布可以看出，西汉时期的中山诸王陵集中分布在滱水即唐河南岸（即今定州城西北、西南方向），基本是以一代王为中心，形成一个单独的家族成员陪葬墓地。定州八角廊怀王脩墓地、三盘山墓地、满城陵山靖王刘胜墓地都有不少陪葬墓，其成员可能包括未有封爵的子孙和王国中的近臣贵戚。每座陵都有祠祀建筑、斗形坟丘、陵垣。这种情况和西安西汉十一帝陵的情况是相同的[22]。

2. 东汉中山王陵

从公元 25 年刘秀称帝以后，史称光武中兴，一切制度一如西汉。恢复汉初的分封制，从东汉初到东汉灵帝时期，先后立为中山王的有中山王茂、中山王辅、中山简王焉、中山夷王宪、中山孝王弘、中山穆王畅。东汉中山六代王有些可能葬于定州附近。其简王焉和穆王畅墓已被发现。

简王陵。《水经注·易水》载："南易水，出代郡广昌县东南郎山，东北燕王仙台……其东谓之石虎岗。范晔《汉书》云'中山简王焉之窆也，厚其葬，采涿郡山石以树坟茔，陵隧碑兽并出此山'。"[23]《水经注》此条记载显然失误。1959 年在定县城北 1.5 公里北庄子发掘的大型石椁墓出土两套玉衣，另外从大量郡国石工为其筑墓和建武三十年弩机等来分析，已证实为东汉中山简王刘焉夫妇墓[24]。

穆王畅陵。1969 年 1 月，定县北陵头村西发掘的四十三号大型砖室墓中出土银缕玉衣一套、铜缕玉衣一套及相关文物。据此判断，此墓为东汉中山穆王畅墓[25]。

至此，东汉中山六王中已有二王陵被发掘。估计其余四座王陵有的应在定州的西、南方。定州西关王庄子大墓，在砖室墓内出土大量玉衣片，可以肯定其为东汉中山某王墓。此外，城东南的香家庄、中军帐、四家庄、牛村、朱谷等地的砖室墓中，也出土过一些汉白玉石制成的铜缕玉片，为人们了解东汉中山诸王陵提供了重要线索。

定州附近墓群不仅是两汉中山王后、郡国臣宰、王侯子孙的墓葬，还包括魏、晋、十六国时期的地方高级官员和带有封爵的列侯、公主、贵人等贵族的墓葬。他们都是围绕定州（汉卢奴）这个政治、经济中心而择地埋葬的。

（三）定州中山靖王坟是后人伪托

有关西汉中山靖王陵在定州的记载，至少有五百多年的历史了。《明一统志》曰"中山靖王冢，在定州城西。冢高丈余"[26]。《畿辅通志》援引《大清一统志》载："汉中山靖王墓在州治西南。谨案州志，治西二里余，冢高二丈许，岁久为民居蔬圃。知州倪玑，开神道立石表之，近年又将倾圮。道光庚戌春，州牧宝琳重修围垣，墓门勒石，于门之东壁详记其事。"[27]倪玑开神道立石表是在明嘉靖时[28]，至于在明以前有没有记载尚未可知。1969 年在定县城西南"靖王坟"南发现了宋净众院舍利塔，塔基内出土大批文物。在塔基的西边 6 米处，发现了一块宋端拱元年（公元 988 年）《定州西关创修净众院记》碑，碑文中有"东踞龟城，西临滱水，北枕慕容氏之高陵，南通皇都之大道"[29]的记载。碑文首提"定州西关"，确定了当时净众院的位置是在西城关外，明初洪武扩建定州城时才将寺院旧址扩进城内，当时寺院可能已经不存。所谓"东踞龟城"，即定州西城；"西临滱水"，即城西之唐河故道，今唐河由西而东在城北绕过东行。其关键语"北枕慕容氏之高陵"，说明北宋时人们还很清楚当时净众院北 200 米之高陵，乃后燕慕容垂之陵墓。时距后燕慕容垂建都于中山（定州）已有六百余年的历史。从北宋初到明嘉靖时又过了五百多年，其间再没有出现更多关于慕容氏陵的记载。明嘉靖时知州倪玑已将这座高陵附会成为汉中山靖王陵了，并为其"开神道，立石表"，一直延续到现代。这是一个很大的历史错误，错就错在把后燕慕容氏的皇陵改为中山靖王陵。由于满城陵山中山靖王陵的发掘和定州宋代净众院碑记的发现，两相印证，才解开了定州"靖王坟"之谜。北魏登国元年（公元 386 年）慕容垂称帝，"号年为建兴，缮宗庙社稷于中山"[30]，史称后燕。后燕历宝、详、麟、盛、熙数帝，达二十余年。已非一帝，有的死后可能葬于中山。《十六国疆域志》记载："中山尹，汉旧国。《后燕录》燕元年，垂北如中山，十二月遂定都中山。"又同书《后燕录》记慕容垂墓，号宣平陵。《晋载记》载："垂死秘不发丧，至京，然后举哀行礼，则垂墓在卢奴可知。"[31]定州西关一带墓群，应包括了慕容氏之陵寝。明、清"靖王坟"在北宋时称为"慕容氏之高陵"，想必有所据。《后燕录》指出慕容垂之宣平陵在定州。"靖王坟"是否为后燕慕容垂之宣平陵或其晚辈陵寝，目前尚难以定论，需要通过研究来进一步证实[32]。

（四）西汉第一代中山王陵史料记载的疏漏和满城汉墓的发现

史籍中靖王以下五代中山王的陵墓都见于记载，惟独缺少中山靖王刘胜墓的史料。明以后关于靖王墓位置的记载又都是错误的。靖王墓究竟在哪里，长久以来一直是个谜，但并非一点线索没有。满城陵山的"陵"，应该是事出有因。据《读史方舆纪要》记载："陵山，县西南三里，山不甚高，相传古帝王陵墓，因名。元至正二年（公元 1342 年）改曰灵山。"[33] 又《畿辅通志》记载："陵山……形如巨舟，上有一亩石，石上有仙人迹，又有数大冢，相传为古帝王陵，故名。元至元二年（《读史方舆纪要》作至正）敕改灵山，或云南面数大冢为齐顺王陵。"[34] 同样还有见于《满城县志略》的两条记载。一是肯定陵山上有"古帝王陵墓"，认为山上南面数大冢为"齐顺王陵"，元至正二年（公元 1342 年）改陵山为灵山，清仍称陵山。这里载录失误是明显的，齐无顺王，或又为汉中山顷王之误。总之，山上有古帝王陵的记载是对的，也为了解陵山的来源提供了线索。1968 年夏，由于基建工程施工的一个偶然机会，中山靖王刘胜及其妻窦绾墓被发掘出来，同时还推断了陵山主峰南侧可能还有靖王刘胜之后妃墓，而山南斜坡上的十八座巨冢应为靖王刘胜之子孙的墓地。至此，陵山的"陵"终于被揭开，历史上记载的"齐顺王陵"、"古帝王陵"都得以纠正为中王靖王刘胜陵。

至此，我们又知道汉中山王陵分布的一个大致界限，第一代西汉中山靖王、后妃及未受封爵的子孙墓基本在陵山。陵山的墓群可能延续了一个较长的时间。其分布可能不都在陵山。因刘胜有一百多个儿子，作为王子来说埋葬规制也不能太差，陵山南山梁上的十八座陪陵应为比较重要的嫡系。至于陵山下面东部平原分布的一些墓葬中可能还有靖王子孙的墓。

中山国的另一墓地就在前述的定州附近、唐河两岸。已发现的王陵有推断为康王昆侈之家族墓地的三盘山墓地、怀王脩墓地和东汉的中山简王焉墓地、中山穆王畅墓地。今后可能还有重要的王陵被发现。行唐北高里一大型西汉墓中有中山内府铜钲和常山官锺同出，应是中山靖王胜的家人埋葬于此，或有封于常山或公主下嫁于常山王舜子者，也可能是一处侯国墓地。

注　释

[1]《史记·五宗世家》，中华书局标点本。

[2]《汉书·景十三王传》，中华书局标点本。

[3] 同注［2］。

[4] 同注［2］。

[5]《汉书·外戚传》，中华书局标点本。

[6]《汉书·窦·田·灌·韩传》，中华书局标点本。

[7]《汉书·地理志》，中华书局标点本。

[8] 同注［2］。

[9] 同注［1］。

[10] 同注［2］。

[11]《汉书·高帝纪》，中华书局标点本。

[12]《汉书·主父偃传》，中华书局标点本。

[13]《汉书·韦玄成传》，中华书局标点本。

[14]《汉书·宣元六王传》，中华书局标点本。

[15] 同注［14］。

[16]《西汉诸帝陵位置考》，《考古与文物》1980 年第 1 期；陕西省文物管理委员会《陕西名胜古迹·咸阳市》，陕西人民出版社 1986 年版；《西汉诸陵调查与研究》，《文物资料丛刊》第 6 期。

[17]《新中国的考古发现与研究》第 410 页，文物出版社 1984 年版。

[18]《水经注·滱水》卷十一。

[19]《定县志·舆地志·古迹篇》，《中国地方志丛书》民国二十三年刊本。

[20] 河北省文物研究所等《河北定县 40 号汉墓发掘简报》，《文物》1981 年第 8

期。

[21]《满城汉墓发掘报告》，文物出版社 1980 年版。

[22]《西汉诸帝陵位置考》，《考古与文物》1980 年第 1 期。

[23]《水经注·易水》卷十一。

[24] 河北省文物工作队《定县北庄汉墓发掘报告》，《考古学报》1964 年第 2 期。

[25] 定县博物馆《河北定县 43 号汉墓发掘简报》，《文物》1973 年第 11 期。

[26]《明一统志》卷三。

[27]《畿辅通志》卷一百七十四，古迹二十一，陵墓十。

[28] 同注 [19]。

[29] 定县博物馆《河北定县发现两座宋代塔基》，《文物》1972 年第 8 期。

[30]《北史·列传》，中华书局标点本。

[31]《十六国疆域志》卷十二，中华书局标点本。

[32] 据定县博物馆同志说，20 世纪 70 年代中叶在清理靖王坟附近围土时，曾发现一洞，有人曾进入查看，发现已经被盗。其中陶器等物风格接近三国魏晋时期之物，但未作过正式报道。此墓现已对游人开放。

[33]《读史方舆纪要》卷十二，直隶三，满城。

[34]《畿辅通志》卷五十九，舆地十四，山川三，满城。

三

满城陵山的历史地理环境

这里先从中山靖王刘胜及其妻窦绾墓所在地满城（汉北平县）和陵山等有关问题谈起。

北平县是汉中山国最北面的一个县，东距今保定市20公里。其北临漕河，南靠蒲阳，西倚太行，东接华北大平原。境内河流纵横，土地肥沃，宜于耕作，是华北平原上的富庶之地。从汉中山国首府卢奴（今定州）北行约70公里，可到达汉之北平（今满城），中间要经过汉之新处、望都、曲逆（今完县子城）三县。从此可西去代郡、上谷，北达涿郡，交通便利，地理位置十分重要（图二）。

（一）陵山和中山靖王刘胜的奉陵邑——守陵村

陵山是一座孤立的小山峰，位于满城县西南三华里。从山顶可隔县城远望东北五里之眺山，正北为李家撮、韩家撮诸村，北约六华里处是比较大的孤立山峰大楼山和玉山，西面是满城八景之一的抱阳山。这些孤立的石灰岩形成的山峰，犹如灿烂的群星，点缀在太行山的前沿。陵山则为群星中最为突出者，俯瞰着四周群山。陵山的东、南两面是一望无际的华北大平原，地势开阔，田园似锦，村庄星罗棋布。

陵山东面贴山脚下一华里处有两个村子，两村之间有一条沟壑相隔，沟南为南陵山村，沟北为北陵山村。陵山东南不足

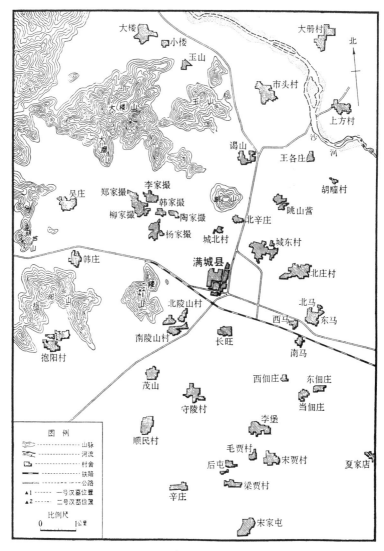

图二　满城陵山附近地形图

四华里为守陵村。陵山西面三里是抱阳村。陵山正东四华里隔县城为北庄村。各村之间有起伏的小丘陵和沟谷。和陵山关系密切的是南北陵山村和守陵村。南北陵山村原为一村，是根据山顶上有帝王陵墓、村子近在陵山脚下而取名的。陵山是元朝以前的名字。《满城县志略》记载："齐顺帝陵在县西三里陵山南阿，故老相传为齐顺王之陵，陵山元至元二年（公元1337年）敕改灵山。"[1]当时为什么把"陵"敕改为"灵"，可能是由于陵山顶上有敕建庙宇，或因皇帝曾经敕封其山的原因。清以后又恢复陵山之名，一直到今。陵山村村子不大，清朝末年吴烈任知县，把陵山村南头和北头分别改为南北陵山村，两村中间有一条东西向的小沟壑，陵山南面的溪流和雨季时的积水汇于沟壑东泻。据了解，沟北面的村子是先发展起来的，后来由于村子发展，逐渐扩大，把沟南面的圹地也扩为村子而形成南北两半。民国初年村子人口不过百户，现在已有五百户了。北陵山村以郗姓为多，南陵山村以张姓居多，村民祖辈多靠打凿山石为生。

　　守陵村是汉中山靖王刘胜的奉陵邑，在陵山东南2公里处，是一座不大的村庄。从什么时候有这个村子一般人不知道。1960年以前，这里曾出土了一块明嘉靖三年（公元1524年）八月二十七日"明故义官孙公希哲墓志铭"，文中有"葬于满城县守陵村"一语。这说明在明代时这里就叫守陵村了。守陵村和陵山上古墓的关系十分密切。守陵村以米、王、梁姓居多。1972年11月18日，该村老人曾经谈起守陵村的历史。七十四岁的米老伯和六十九岁的王子正介绍说："守陵村的历史形成，最初主要是用来看守陵山顶上的王子坟的。"又说："传说多少年前，村中居住着一位领导着看陵人的首领。山上一溜十八个石头堆里面埋葬的都是王爷及其后代。守陵村的人，都是多少辈子以前留下来的看陵户。如今七八十岁的老人也说不清最早是何时来的。"王子正老伯说："王子死后，从南边抬到守陵村，在这里放一放，这里的人们为他守陵，然后再抬上山埋葬……我们祖辈种着王爷的地，看管王爷的坟。"这些传说，为了解陵山和守陵村的历史提供了重要的线索。后经调查，守陵村历史较早，四周地势开阔，村西和村子下面分布着大面积西汉时的遗物，地面上到处可以见到西汉绳纹砖、板瓦片和罐、盆、豆等残陶器片。把守陵村（包括南北陵山村）与这一带西汉时期的遗址相联系，可以看出，西汉时期这里确实是一处有相当规模的邑落。陵山和守陵村名字是有其来历的。从守陵村到满城城关附近，还分布着汉代遗址和多座大型汉代土冢。据调查，在南、北陵山村中间的一条旱沟断崖上就有西汉时期小型墓群一处，旱沟东端断崖上露出小砖墓七座、西端露出二座。在接近北陵山村北侧还露出汉墓八座，东面一座长方形小墓是用菱纹砖砌筑，时间在西汉至东汉初。这些遗址和墓群说明守陵村可能是在为刘胜夫妇守陵这样一个历史背景发展起来的，因年代久远而沿革不清了。汉代帝、后、王侯墓旁建寝园，置园邑以守陵。高祖以下皆有寝园，另置园邑大都如县。《汉书·刘向传》记载："及徙昌陵，增埤为高，积土为山，发民坟墓，积以万数，营起邑居，期日迫卒，功费大万百余。"[2]刘向上书成帝，呈报营起昌陵，数年不成，复还归延陵，制度奢侈，劳民伤财的情况。又《汉书·韦玄成传》记王莽奏"至元康元年，丞相（魏）相等奏，父为士，子为天子，祭以天子，悼园宜称尊号曰'皇考'，立庙，益故奉园民满千六百家，以为县"。据此可知，按照西汉制度的规定，皇帝死后要置县邑守冢，徙各郡国民以奉园林，叫做"奉园民"，或曰"奉陵户"。皇帝奉园民最多可到一千六百家。至于诸侯王，按《汉书·霍光传》记载："（光）谥曰宣成侯。发三河卒穿复土，起冢祠堂，置园邑三百家，长丞奉守如旧法。"霍光封为列侯，而刘胜是比霍光高一级的诸侯王，置园邑守陵是理所当然的事，其奉园民不会太少，至少要在三百户以上到一千六百户以下。守陵村一带的西汉时期遗址、墓葬群，当是刘胜死时所置的奉陵邑即"园邑"的遗存。其所辖范围即是"园邑"所辖范围，设长丞岁时祭祀。在园邑管辖之下，居住着大量的守护陵山王陵的守陵户，即"奉陵户"。其园邑属中山内府，因不足一千六百家未能置县。据此而论，守陵村、南北陵山村的历史都是相当早的，满城城关附近的大、小汉墓群和刘胜的奉陵邑都有着密切的关系。按照西汉十代中山王共计一百六十二年来看，至少这个时期刘胜所置园邑是不会绝祀的，而那些奉陵户也就成为久居的"座地户"了。这里的小型汉墓群实际应是一部分"奉园民"的坟墓。当地群众世代相传为"王爷"守陵。有人说陵山是"顺王陵"或"王子坟"，尽管不准确但也并非无稽之谈。

（二）陵山地貌

陵山是一座由石灰岩形成的山峰。从保定至满城的公路旁的平原开阔地向西望去，陵山像是一座醉卧的弥勒像，袒胸露腹，神态怡然，坐西面东，凝视着华北平原。自古以来，它就作为太行山的前沿阵地而引人注目。陵山是一个统称，实际由主峰、南陵山、北陵山三部分组成。主峰较高，位于西面。左

右两峰即南北陵山，犹如两翼，好似巨大的门阙一样，拱卫着
主峰。古代帝王建陵，都要树阙，以表其威严，南北陵山就起
到了阙的作用。据调查，南陵山山顶发现有汉代瓦片，北陵山
不明显，可能已为后世破坏。这证明可能有阙类建筑遗存。在
主峰和前两峰之间下面环抱成一块平坦的黄土地，各峰间形成
了许多天然沟壑。主峰海拔 235.8 米，南北陵山海拔高在 175
～194 米之间，它们和主峰之间的距离几乎相等，约在 500 米
左右。在天然石表面覆盖着薄薄的一层黄灰土，上面长满了野
草和鲜花，车前子、牵牛花、野丁香、苍耳等到处可见。过去
山上曾长满一些小树，现在只限于山前。陵山北坡和西坡为裸
露岩石，山石为层状。特别是山顶的西面，陡峭险峻。东、南
两坡平缓，易于攀登。主峰顶部略平，南北长约 450 米，东西
宽约 100～150 米；西部为山岩高地，东部缓和而平坦，长约
350 米，宽约 50～80 米，上面覆盖着很厚的一层沙石和黄土，
可以明显看出这个山顶上的平坦地面是经过人工修整的。自主
峰东侧下到 50 米处的地平面即南北向的跑马道，刚好形成两个
阶梯。这两个台阶，上下都可以通行车马。两阶梯之间的岩石
多经过人工的开凿和翻动，形成了不太明显的豁口，应是开凿墓
室洞穴时造成的。山顶地势开阔，可俯瞰四野。居高极目远眺，
无垠的华北大平原尽收眼底。在主峰南面有一条紧接长梁的古
道，位于峰顶东侧，当地人称为"香火道"；下层平台当地人称为
"跑马道"，是通往刘胜夫妇墓的专用路。香火道和跑马道在南
陵山和主峰相接的南部山坳处一上一下而分开。关于陵山山顶
有着种种传说和猜测，但谁也没想到在主峰山顶的下面，二千二
百多年前竟开凿了巨大的洞窟，里面埋葬着统治此地的第一代
中山国诸侯王刘胜及王后窦绾(图三)。

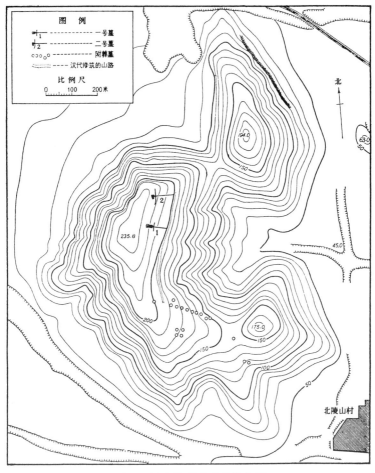

图三　陵山地形及墓葬坑位图

　　在陵山主峰顶第一平台南端偏西，在南北长 40 米、东西宽 20 米的范围内有两座明清时期的古庙废墟，东西并列。经调查，东面一座为奶奶庙，南为山门，门上悬"陵山"二字匾额。山门内有东西伽兰殿、奶奶庙正殿、方碑二通。西面并列者为药王庙，自南而北为山门（天王）殿、左右配殿，正北为药王殿，庭院内尚存碑座四个。明、清时期陵山庙宇香火很盛。因建学校用木，两座庙毁于清光绪三十三年（公元1907年）。

在主峰顶西南右前方，有一块平滑、方正而突出于地面的大石，当地人称为"一亩石"，是满城八景之一。

（三）陵山古道

在陵山上有一条古道，是两千二百多年前专门为刘胜夫妇及其后代送葬而开凿的一条路。整个陵山为中山王、后的"寝园"，陵山下置"园邑"（今守陵村一带），辖寝园、祠庙及周围墓地，徙奉园民以守护，设长丞一类官员来管理。这就说明，冢墓所在的陵山上除了穿石为穴和以山为陵，按照当时制度的规定，还设祠庙、寝殿、便殿等，以便四时致祭。这条古道正是为了向山上运送筑墓用的石、木料、随葬品、车马，护送灵柩以及四时致祭而开凿的。古道的开凿和刘胜、窦绾墓的坐落位置有着密切的关系。其设计很合乎科学筑路的要求，巧妙地利用了山势地形的变化。从南陵山西南山脚平缓处，依山势弯曲向北、向上修整路面，把高低不平的山面修平取齐。南陵山顶当地群众称为"南屋顶"。古道从南屋顶西背后到主峰之间有一条长约300米的稍凹长梁，古道沿长梁左侧向西随山势弯曲成S形向上攀登，路宽8～10米，马车可以行驶。在古道的两侧分布着金字塔形方棱台状巨石叠砌墓。古道步步登高，向西北行，道南侧为缓缓的山坡，道北侧险峻。到达主峰南前沿山豁口处，分为三股，即东路、中路和西路。东路即岔道口往北通往墓地的"跑马道",中路即通往峰顶东第一台地的"香火道"(为中山祠祀享堂之所),西路通往主峰山顶。

古道东路即"跑马道",是陵山的主路,和峰顶构成45度的斜坡面,经过人工修整而成。上距顶峰平台50米,是就山石斜面开凿取平再用墓内凿下的石块平铺叠砌,然后路面上再加了一层从山下运来的黄土,厚约50厘米。这条古路南北长约400余米,路面高出现地表约150米。古路由南而北逐渐加宽,中间最宽处15~20米,而最北端宽不足10米,到北端尽头处通北陵山的"北屋顶"。跑马道地面平坦,地表分布着大量西汉时期的绳纹瓦片、陶器残片等。这条平坦的古道,可以通行大型车马,是专为开凿刘胜夫妇墓而设计的。古路以两墓前侧为中心向南北展开。从主峰东南山豁口(即三岔路口)沿跑马道北行220米的主峰东坡为刘胜墓(一号)墓门。发掘前山路面上堆满乱石杂草,根本无法确知有墓。从刘胜墓口前的跑马道北行104.5米处山的斜面上为刘胜妻窦绾墓(二号)墓口。从窦绾墓墓口前顺跑马道北行125米处拐弯,跑马道截止。整个跑马道全长483.5米,宽8.5~28.3米不等。这条古道北部几乎全部用一、二号墓内凿下来的石片、碎石渣等垫起来的。从冲刷的断面中可以看出其地层情况是最下层为山石斜面,中间用一层厚1.5~2.5米的碎石渣、石片层充填、取平,在石渣层的上面铺了一层厚约50厘米到1米的纯黄土,形成平坦的路面,在路面边缘处使用人工修砌、夯实。在北头路面的外侧(东侧)用大型石块垒砌,以防止水土流失。路面经过两千多年的风雨侵蚀现在仍保存如此完好,应该说当时的筑路水平是相当高的。

古道的西路和中路都是从岔路口分开的。从岔路口北行

62 米有一斜坡，路分两股，西路直通西北主峰顶，中路通主
峰东坡的奶奶庙和茶王庙。中路古道应是为建刘胜祠庙而动工
修筑的，有许多当时的遗迹可以证明。

（四）中山王祠庙遗迹

根据西汉时期礼制的规定，皇帝、诸侯王死后要在陵旁立
庙，中山王刘胜夫妇陵墓旁亦应立祠庙，以便四时致祭。那
么，其祠庙、寝、便殿都不会离陵墓太远。其位置根据实际调
查，就在陵山刘胜夫妇墓的附近。山顶上有两处遗址与祠庙有
关。一处在峰顶东第一台地平坦处的清代庙址下面及其附近，
另一处在峰顶以南的一亩石附近。两地都发现了大量西汉时期
的建筑遗物。

在陵山顶峰偏西的山尖中部，有一部分大型山石经过人工
翻动后被推移到刘胜和窦绾墓顶上部之间的斜坡上，从远处一
眼望去可以看出这里是一个很大的豁口。在这个豁口中间和山
顶平台地表面分布着大量西汉时期的绳纹板瓦和筒瓦，瓦上饰
麻点纹、篮纹、布纹、小方格纹，还有单勾或双勾式卷云纹瓦
当、斜方格纹大陶瓮口和罐口以及西汉时期常见的素面或绳纹
小薄砖等。经过多次调查和试掘几处小的探坑，发现地表面以
下 50 厘米为灰层，包含物多是瓦片。其面积南至明清时期奶
奶庙、药王庙下，北到平台的北部，刚好占据刘胜、窦绾二墓
顶部的中央位置。可以肯定，就在开凿刘胜墓的同时，便于陵
上顶部平台上建造了一座规模相当宏伟的祠庙即寝殿。从其遗
迹、遗物的时代分析，跨越西汉，一些遗物可能晚到东汉初。
其遗址所处时代与刘胜、窦绾墓同时。从所处位置分析，只有

于此建筑刘胜祠庙方为合适，舍此不符合当时礼制。现在地面上所分布的残碎瓦片、陶器片等显然是汉代以后祠庙被废弃的遗物。明、清修筑庙宇时这座祠庙遗迹已经遭受破坏了。

在陵山顶部平台西南偏西的一亩石偏西位置，地面上原垫有一层厚黄土，上面有西汉时期的建筑遗存。黄土层被雨水冲刷后，现在地面上散乱放着大量西汉时期的残砖碎瓦。在南北长 30 米、东西宽约 10 米的范围内分布最为稠密，以绳纹板瓦、筒瓦片最为丰富，证明西汉时期这里曾有一处建筑。北洋军阀曹锟时期，曾在一亩石上面修筑碉堡一座，破坏了原来遗址的风貌。现在地面上除了瓦片、陶片，还可以拾到西汉时期的铜镞等。从地扼陵山古道三岔路口分析，这里可能是守卫陵山祠庙、陵墓、园寝的防御之所。

那么中山靖王刘胜死后，在陵山上要修建哪一些建筑呢？据《汉书·韦玄成传》记载："而京师自高祖下至宣帝，与太上皇、悼皇考各自居陵旁立庙，并为百七十六。又园中各有寝、便殿。日祭于寝，月祭于庙，时祭于便殿。寝，日四上食；庙，岁二十五祠；便殿，岁四祠。"[3]师古曰："寝者，陵上正殿，若平生露寝矣。便殿者，寝侧之别殿耳。"汉霍光死后谥宣成侯"起冢祠堂"[4]。诸侯王，特别是第一代诸侯王死后仪礼均仿中央帝后之制，同样要在陵旁立庙，置园寝、便殿，有的由皇帝亲自赐茔冢。如楚元王夫人死，赐茔。师古曰："谓为界域。"[5]有鉴于此，刘胜陵区内同样要有庙、园寝和便殿，整个陵山及其附近都属于陵域。诸侯王陵域内立庙、寝之制一直延续到东汉。《后汉书·东海恭王彊传》记载：王薨，"将作大匠留起陵庙"[6]。《后汉书·安城孝侯赐传》记载：汉光武"帝为营冢堂，起祠庙，置吏卒，如春陵孝侯。"[7]由此可以看出，汉帝王陵墓旁均立庙，陵园中有寝、便殿。诸侯王亦如其制，或由皇帝直接赐营冢堂，起祠庙，已成定制。刘胜陵上所立应为祠庙、寝、便殿，以便日、月和四时之祭。陵山顶峰建筑和刘胜墓应为同时的西汉遗址。

（五）中山王、后陵和陪陵墓的调查

陵山上存在古帝王陵，早已为人所知。守陵村传为守"齐顺王陵"，见于《满城县志略》、《太平寰宇记》等有关史籍，显然为误记。山上有多少陵墓分布，内涵如何是不清楚的。通过对陵山上刘胜及窦绾墓的调查，使我们对陵山上的古墓情况有了一个总的了解。陵山上的古墓包括了刘胜及其后、妃和家族的墓葬，是一处规模很大的墓葬群。在介绍刘胜、窦绾墓的情况时，应将墓群的总体情况作一介绍。

中山靖王刘胜及其妻窦绾墓都坐落在陵山主峰东坡第二台地跑马道西侧，两墓相距104.5米。刘胜的陪陵墓可能包括了刘胜的子孙后代未受封爵为列侯的墓葬，分布在主峰和南陵山南屋顶之间的山坳凹梁山道之两侧。这些陪陵墓群传为"王子坟"，说明这些露在地面上的古墓不是孤立存在的，而是与"王"有着密切的关系。这里仅述各墓的发现情况。

1. 刘胜墓（M1）

从陵山主峰东面看，刘胜墓位于主峰南面相当于主峰三分之一处。刘胜和窦绾墓都是依山开凿的巨大洞室，埋葬后山石表面做好隐蔽和伪装，墓道的外面与山势自然形状一致。就是专业考古人员没有做过这样的发掘，没有这方面的经验，也很难识别出在山坡的斜面下尚有巨大的洞穴存在。恰巧由于工程部门在这里开凿隧道，在深入山中 25 米处的一个偶然的机会，才发现墓室南侧室的一角，由此揭开了陵山汉墓宝藏之谜。刘胜墓发掘编号为 M1。在刘胜墓道外的斜坡上，暴露出一些人工翻动的迹象，即墓道外面的山坡上裸露出的巨大的石灰岩层被严重的翻动和扰乱过。在自然形成的岩石中间，远观有一个明显的大豁口，一些巨大的长约 2 米左右的大石块翻弄到南北两边，下面用不规则的乱石封闭，上面用黄土加碎石覆盖着，土石表面杂草丛生，斜面和山坡斜面取齐，看上去和自然形成的一样。前面的跑马道就是用墓内碎石加黄土垫平而形成。在跑马道的前沿即东侧，全部是用人工打凿成大小不等的碎石片堆积。这堆积从古道东沿一直向下滚落，从山下和南北两侧很远处就可以望见这种呈灰白色的石灰岩碎片。它们在 45 度陡峭的斜面上，从上而下分布着。显然这些碎石片是二千二百多年前开凿洞窟时从洞中取出后倾倒于此处的。

2. 窦绾墓（M2）

此墓在马道西侧，和刘胜墓处于同一水平的北面，约占陵山主峰北部的三分之一处。在其山坡的斜面上也出现了和刘胜墓前面的一些类似现象：在山斜面裸露出的岩石外表无层次，南北有从中部翻起的乱石，在乱石南侧和刘胜墓之间有巨大的岩石裂缝，乱石中间同样用黄土、碎石填成，和山的斜面取平，上面长满乱草，远处望去有如自然天成，掩蔽得十分巧妙，专业人员不细查难以识别。在窦绾墓前即跑马道的东侧斜坡上，大小碎石块堆积如山。它们是从窦绾墓中开凿下来的，比刘胜墓前所出的石片、石碎块数量更多。正因为如此，这里也有一处地下洞穴。从出土碎石数量看，其规模也不会比刘胜墓小。所以，在清理完刘胜墓之后，就确定了窦绾墓（M2）

位置，并立即着手进行了发掘。

3．关于第三号墓的探索

考古工作人员根据陵山主峰的山势分析，刘胜墓居陵山主峰中部，符合其诸侯王的地位身份，窦绾墓在左面的三分之一处。刘胜墓的右面即南面的三分之一处的空位，还应有一座在地位上可与窦绾墓相当的巨型石洞墓存在，这样方能符合主峰上三墓并列的格局。那么，刘胜墓右面的洞室墓如存在，就应该是刘胜的另一位后妃了。在主峰南的东侧面三分之一处的跑马道东沿，大量的碎石片滚落在山的斜面上，也有和刘胜墓前相类似的现象。所以，在陵山一、二号墓发掘工作结束之前，一部分同志在此进行试掘，做了有益的探索。从这里山坡的斜面上挖了四个探坑，发现下面是经过翻动的活石，证明这里都是用大石块填塞的，越往下石块越大，无法搬动。初步分析石块的来源：一是山顶修路取平，把大石块翻下来；一是这里为一座墓的墓道前侧，其情形和一、二号墓相似，用巨石封堵墓道而形成。如后一种情况成立，那么就可以初步推断这里也应有一座坐西向东属于刘胜后妃的陵墓。这是当时进行的一次探索。20世纪70年代后期，当地还用物探的方法进行过一次探索，证明下面有金属类物体存在。当然也只有再进行一次科学发掘，才能最后证实这里是否有第三号墓的存在。

4．关于陪陵墓的调查

从南陵山脚下开始，沿陵山古道西北行，顺着南陵山顶峰——"南屋顶"背后，山路崎岖而宽敞，形成30度陡坡逐步向上，尚可行车。在经过"S"形弯路不足百米处，就可以看到从南屋顶背后山坳处，沿道路两侧分布的一座座陪陵墓。传说"一溜十八堆"，实际是十八座用巨石叠砌的陪陵墓。这些陪陵墓分布自山坳一直到陵山主峰的南端，地势北部较陡峭而南部较缓，沿山向东南—西北方向分布。汉代遵从周制，其墓葬顺序基本是按照昭穆之制的顺序进行的，而这里显然都埋在第一代中山王脚下的东南方向，有着辈分的区别。刘胜、窦绾墓被安排在陵山主峰东侧，而其妾媵和子孙后代安排在南陵山到主峰之间的古道两侧，以北侧居多。现在从主峰南侧向山下行的拐弯处开始，按各墓的排列关系，把它分为四群（组）记述：

第一群，在古道的北侧，自上而下即自西而东的排列，共计十一座，编号为陪陵 M1~M11 号；

第二群，在古道偏西的南侧，共计四座，编号为陪陵 M15~M18；

第三群，在古道的南端，共计两座，编号为陪陵 M13~M14；

第四群，在主峰南端古道东路和中路交汇处的西侧，也是陪陵中最上面最接近刘胜墓的一座，编号为陪陵 M12 号。

以上总计十八座。在主峰顶最南端接近第二墓群处，有一些经过人为加工的大石块，是一处当时的建筑基址，如不仔细观察很容易与陪陵墓混而为一。在十八座墓中，第一群各墓之间的距离一般为 3~5 米不等，第十和十一号墓间距 100 米。各墓群间距 50~80 米不等。第七和第十二号墓早期曾被盗掘，证明很早以前就有人注意到了这些墓群。传说"王子坟"中埋着"金脑袋"，所以有两座墓被盗。在第一群中的第一号墓，也是陪陵墓中最上面的一座，在刘胜、窦绾墓发掘后，又传出墓内有"金马驹"，不久被村人盗掘（详情见后）。

各陪陵墓地面以上用经过人工加工过的长方形大石块叠砌，石块一般长 1.5~2 米左右，依山之斜面，用石块在下部立砌，一层一层地叠落成正方形石基座，自下而上层层向内叠涩。石基座高 2.5～3 米。小型者如 M6 每边长 13.2 米，最大者如 M2 每边长 21.5 米。石层向上收缩成方棱台形，石层之间用黄土石片填实。每座墓通高 2.2～7.5 米左右。在古道的两侧一字排开，远望十分壮观。根据当时记录，各墓形状、尺寸如下：

第一群			
M1	巨石叠砌方锥形	每边长 15.2 米，通高 4.5 米	1970 年被盗，
M2	巨石叠砌方锥形	每边长 21.5 米，通高 7 米	出土一部分文
M3	巨石叠砌方锥形	每边长 18.2 米，通高 7.5 米	物，为最大一
M4	巨石叠砌方锥形	每边长 16.8 米，通高 7 米	座。
M5	巨石叠砌方锥形	每边长 18.5 米，通高 7 米	
M6	巨石叠砌方锥形	每边长 13.2 米，通高 3.5 米	
M7	巨石叠砌方锥形	每边长 14.5 米，通高 4.5 米	中部凹陷，早
M8	巨石叠砌方锥形	每边长 15.2 米，通高 5.8 米	年被盗。
M9	巨石叠砌方锥形	每边长 15.7 米，通高 5.5 米	
M10	巨石叠砌方锥形	每边长 15.2 米，通高 4.5 米	
M11	巨石叠砌方锥形	每边长 14.2 米，通高 2.5 米	
第二群			
M15	巨石叠砌方锥形	每边长 15.2 米，通高 4.2 米	
M16	巨石叠砌方锥形	每边长 18.2 米，通高 7 米	
M17	巨石叠砌方锥形	每边长 14.2 米，通高 6.2 米	
M18	巨石叠砌方锥形	每边长 15.2 米，通高 7.3 米	
第三群			
M13	巨石叠砌方锥形	每边长 15 米，通高 5.5 米	
M14	巨石叠砌方锥形	每边长 17.5 米，通高 4.5 米	

第四群			墓顶中部下陷，早年被盗。
M12	巨石叠砌方锥形	每边长 15.5 米，通高 2.2 米	

这里首先联系到的是陪陵墓的内涵，即肯定它们是中山王刘胜后代的根据是什么？M7、M12 早期被盗，只存清末民初被盗掘后留下的凹坑，没有进行清理，结构、出土物不清。值得注意的是近期被盗的陪陵墓 M1。1972 年 6 月，笔者到陵山对该墓被盗的情况作了调查。据陵山村郑士林说：1970 年正月初九，村民张秉臣等发现"王子坟"最西北头一座顶部塌陷，有雾气冒出，并露出西、北两壁，于是向下挖掘，清理出乱石和泥土，发现是沿山脊向下开凿的南北长东西狭的竖穴式洞室，墓室内发现有人骨和铜、陶器。经过我们实地调查，被盗掘者为陪陵墓 M1。其结构是墓顶用巨石叠砌成方棱台形封石，每边长 15.2 米，存高 4.5 米，上用黄土碎石封闭。墓顶被挖掉北半部，下面露出沿山面向下开凿的长方竖穴洞室，墓口平面尺寸南北长约 5.5 米，东西宽约 2.5 米，深约 6 米，墓内用石块填实，下铺黄土。在墓底部向南深入形成小洞室，底部发现木棺残板，人骨已腐朽，北部发现头骨。由于是非科学的发掘，墓室底部未进行实测。满城县文教科当时已将出土文物大部收回。这些文物都出自南面的洞室之内。据当时记录，墓内出有刻铭铜鼎一件、铜甗二件、铜钵一件、铜盆二件、铜镜一件、鎏金铜漆器饰件一部分。另外，还有陶盆、罐、壶的残片和西汉时期彩绘陶俑数件、半两钱数枚。当时我们把刻铭铜鼎取回，其余文物存县文教科[8]。此尊铜鼎，双直耳，缺盖，身素无纹饰，子母口，肩饰凸弦纹一周，圜底，三蹄足，

通高 15.3 厘米。鼎口外侧阴刻铭文一周，文曰"食官容五升重十斤九两"。这证明此鼎是西汉中山内府刻铭官器，和刘胜墓中所出"中山内府"铭铜器为同一地方所造。墓内所出半两钱也是文帝以前之物。陪陵墓 M1 墓主应为刘胜的后代或妾媵似无疑问。

陪陵墓群的发现，具有十分重要的意义。过去所谓的"王子坟"，实际是中山靖王刘胜的家族墓地。由于陪陵墓 M1 被盗后出土的中山内府铜鼎，对这个墓群的性质作了进一步的肯定。墓群中可能包括了靖王刘胜后代的子孙、妾媵等，按照西汉帝陵制度，或者还包括与中山国有功的近臣。陪陵墓的规模十分壮观。各墓顶均以大石叠砌，一块石重者可达数吨，封石工程十分艰巨。另外，在山下开凿墓室也耗费了巨大的人力物力。各陪陵墓群可能有着早晚的区别，这问题留待将来解决。

注　释

[1]《满城县志略》建置，陵墓十四，《中国地方志丛书》民国二十年刊本。
[2]《汉书·刘向传》，中华书局标点本。
[3]《汉书·韦玄成传》，中华书局标点本。
[4]《汉书·霍光传》，中华书局标点本。
[5]《汉书·楚元王传》，中华书局标点本。
[6]《后汉书·东海恭王彊传》，中华书局标点本。
[7]《后汉书·安城孝侯赐传》，中华书局标点本。
[8] 陪陵墓 M1 出土文物存满城县文教科，铜器后来被某些人当成废铜卖掉，陶器毁坏。后来几经派人追寻，均未见到。

四 中山靖王刘胜墓的发掘清理

汉代帝王陵墓中明确记载开凿山岩为墓者，有汉文帝的霸陵。《汉书·文帝纪》载"因其山，不起坟"，即以山为墓丘，不另起坟。其规制之宏伟可想而知。中山靖王刘胜，依据景帝之子、武帝庶兄这样显赫的地位，死后坟丘规制仿效帝王无可非议。其构筑和营建方式，完全仿自汉文帝刘桓的霸陵。试想这样大的一座山丘从中凿空，需要花费多么大的人力、物力。以中山国不足七十万人口的力量，不是有朝廷的支持和抽调大批劳动力是难以完成的。这些劳动力中有一大部分应为刑徒。他们在棍棒和皮鞭下从事着繁重的劳动。此项工程浩大，绝非短期内可以完成。

（一）墓室结构

靖王刘胜墓开凿在陵山主峰东"跑马道"西侧略微偏北的位置。这里由于人工的开凿，使山坡形成一条南北走向的"跑马道"，路面是用陵山脚下的黄土移到山上来铺垫的。这条古道是埋葬刘胜及王后窦绾、嫔妃、王子时运送灵柩、随葬品和日、时祭祀的通道，也是开凿洞穴时向外运送石渣的作业场所。在开凿古道时，路西侧有意识设计开凿出断崖。这个断崖并不算高，一般从崖底到上面山坡接触处仅 10 米左右。刘胜墓室就开凿在崖面之上，墓道口坐西向东，下口和古道位于一

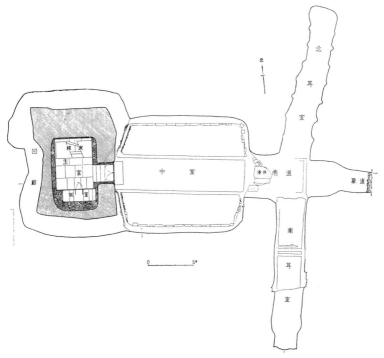

图四 刘胜墓（M1）平面图

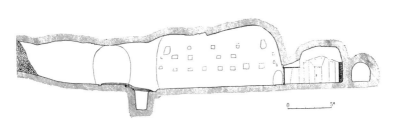

图五 刘胜墓（M1）剖面图（向南视）

个水平面上，上距峰顶约 20 米，下距陵山脚下平地为 120 米
左右。在墓道口外有一段人工修成的呈喇叭口形、宽约 5 米的
过道和前面的跑马道相连。墓道口成斜坡形从东向西开凿。根
据发掘勘察，墓室的结构从墓道口以内包括墓道、前室（甬
道）、南耳室、北耳室、中室和后室六部分，在后室的南、北、
西三面有通洞式回廊。整个墓室是一个巨大的石灰岩洞窟。像
这样规模浩大、工程艰巨的西汉大型洞室，在全国来说实属罕
见。其构成和曲阜九龙山汉鲁王墓相似。据实测，墓内洞室全
长 51.7 米，最宽处从南北耳室计算为 37.45 米，最高处从中
室顶至地面计算为 6.8 米。从墓内所打凿下来的石方计算，洞
室的总容积为 2700 立方米。这样多的石料被打凿下来后全部
用在了铺墓道口外的"跑马道"上。这些碎石片为人们提供了
墓室开凿的方位及其线索（图四、五）。

1. 墓道口

从墓室内取中轴线位置测定，墓室为东偏北 1 度，基本取
正东方向。墓道的外面地表沿山势的斜面用周围的山石和山下
所取的一部分黄土封盖着，下面都是大小石块填满，石块的缝
隙及上部用沙石、黄土填好后与山坡取齐。不过，从很远就可
以看出中间和附近的大块岩石被翻动过，墓道口外山坡的斜面
中间形成空当而无岩石。整个墓室隐藏在山石之内，山坡斜面
上长满杂草而不为人们所注意。由于部队施工时发现了墓室南
耳室的南端，所以清理时起初在南耳室。墓道口是最后才清理
的。将墓道口外的大小石块清理掉，沿地平面才露出墓道的全
貌。墓道口上部为圆拱形，两侧壁为弧形，开凿得非常整齐。
从拱顶到地平面用土坯，中间灌浇铁水形成一道坚固的铁门。
这道铁门不能开启，以防后人盗掘，形成一道死墙。从现场勘

察推断，其营造的顺序是先在墓道口内部用土坯砌成一道厚 34 厘米的土坯墙，用草泥巴抹平，然后在墓道口外部再砌上一道同样厚的土坯死墙，两墙之间留有厚 16 厘米的空隙形成夹墙。土坯长 34 厘米，宽 28 厘米，厚 9.5 厘米。在墓道口外层土坯墙上中部用草泥巴砌出一个头部呈三角形的 V 形槽，形成灌浇铁水的流铸口直达夹墙。槽长 120 厘米，宽 17 厘米，槽两侧用板瓦和黄泥固定着。从小槽浇灌铁水形成一道直上直下的铁壁。这道铁壁实际就是墓门了。在内层土坯墙之内，用从洞内开凿下来的石块封堵，一层石块夹一层黄土，石块中也夹杂着一部分大型鹅卵石。墓道的两侧呈弧形，上部呈拱形，底部作斜坡状向西深入。在墓道的西口以内有 6.35 米长的一段未充填石块，从内部可以看出呈斜坡状。经实测，墓道全长 20.63 米，外口高 4.16 米，宽 2.14 米；内口高 4.5 米，宽 4.5 米。墓道的封石未能清理出去，但从墓道口外以及内部发现有铁铲、铁凿等开凿石洞用的工具。这些工具是在洞室开好以后回填的。

2. 甬道和前室

前室包括甬道，从水平角度看，可以分为前后两部分。前面即东部地面修理得比较平整，属于甬道；后部即西部成斜坡状，起着前室的作用。前室实际是通往中室、后室和回廊及南北耳室的总通道，平面作十字交叉形，既是过道，又殉车马。从墓道内口封石向西到后室西壁全长 40.6 米；墓室最宽处包括南北面两侧室为 37.45 米。过道最窄处为 4.4 米。前室平面接近长方形，东西长 6.76 米，南北宽 4.5~4.8 米。顶部如一大穹隆，高 5.3 米。在前室的南侧中心点以南为南耳室，北侧中心点以北为北耳室。前室的地平面呈东高西低，就洞室开凿的山势往西深入，呈斜坡状下降，在过道的最西南和中室连接处开凿出一蓄水渗井。这里是整个墓室的最低处。渗井口和墓道口地面高程差达 1.7 米以上。在前室地表面发现一层厚约 10 厘米左右的瓦片层，叠压比较有规律，在瓦片之下粘着一层很薄的木质纤维，地表上分布着遗迹和遗物，在遗物之下是一层厚约 3 厘米的木炭灰，室底四周设排水沟。木炭灰有成块的颗粒。炭灰的分布是在过道四周比较厚，特别是在南排水沟里面的木炭灰厚 10~15 厘米。这种现象和南耳室相同。在木炭灰层之下铺了一层黄土。这层洁净的黄土，经过夯实，但很不规则，中部薄四周厚，一般厚 10~20 厘米左右。这个黄土床之下用不规则的大石板又平铺了一层。这层大石板长度不等，制作得也不规则，石板厚 25~35 厘米。沿过道石底砌成一个近似长方形的平面，起着石基的作用。在石基周围即甬道和南北耳室之间环绕用石条砌成的长方形排水沟，沟宽 30~50 厘米，深 15~20 厘米左右。从前室东部看，东部边缘石条是直接铺在石底上，石条与石条之间用碎石条渣补牢。除了过道东部的南北拐角保存完好，两侧西部边缘的石条已经游离出原位。但可以看出，墓道渗下的积水和南北耳室东西两侧的积水都可以顺耳室中的排水沟顺流而下注入前室排水沟中，再直接注入渗水井。砌筑排水沟的石板薄厚不一，是从陵山上凿下以后，稍经加工修整，比较粗糙，一般厚 20~30 厘米，长 30~40 厘米。有一些厚重的石板，起着基石的作用。因为从瓦片分布和大量板灰痕迹推测，前室过道部分原有木架结构的存在。因为年深日久，木架结构腐朽，致使瓦片下落，关于柱子、隔墙结构，已不得而知。

3. 南耳室

南耳室位于前室过道的南侧，从过道一直向南开凿形成一个空间很大的洞室。其形制大小和北耳室相同，仅比北耳室略短。洞室的底部构造和北耳室不同。这是由于两个耳室所随葬的遗物不同，洞室内部自然保存情况不同，需要用不同的方法来构造。

南耳室平面略呈长方形，北宽南狭，而南部由于自然条件等原因，开凿得并不十分规整。它和前室相比不处在同一个水平线上，而是由北向南逐渐升高，顶部作圆拱形，纵剖面作长筒形。其尺寸从过道排水沟算起向南达南耳室墙皮全长 16.6 米。由于石壁开凿得并不十分规整，宽窄不一，北面近洞口处宽 3.4 米，而接南壁最狭处东西两壁间距只有 2.8 米左右，洞顶最高处 5 米。

南耳室的开凿方法和其他室一样，推断是从上往下开凿的，拱顶和壁画并没有明显的分界线，从上而下几乎成一个弧度下来。这是合乎力学原理的。如直上直下的开凿，壁面和室顶拐角处成直角，很难处理拱顶的压力。壁面平滑，但不十分工整。

南耳室结构比北耳室复杂，不同的是南耳室地面不是处在一个水平面上，南高北低，在距南壁 3.4 米处开凿出一个高出室底约 1 米的二层台。台为东西斜行，侧面作缓坡状，使南北两端高度差在 1 米左右。这个台可能和耳室南部的天然裂隙有密切关系。二层台的东面和壁面相连处有一条上下纵行的天然大裂隙，纵贯南耳室东西。开凿南耳室时曾就这个石裂隙向东开凿，想挖成一间小室，在石缝顶有明显的开凿痕迹。这个小耳洞向东北方向斜入，南北长 2.15 米，宽不足 1 米，高 1.7 米左右。清理时，在洞室内并没有发现任何遗物。这个小洞室没有开凿成功就中止了，可能和石裂隙上面发现有塌方现象有关。南耳室南部留出高约 1 米的二层台，是由于裂隙的原因，缩小空间，使洞壁相对稳定，不至因裂缝上面冲进来雨水而造成洞室塌陷。

南耳室底部结构也有一些变化。在它的北面洞口外和前室过道连接处，用不规则的大石块砌平取齐，石块 50×30×30 厘米，也是前室和南室的明显分界线和排水沟。在东西两壁下也都各设有排水沟一条，和上述排水沟相通。东西两壁下的排水沟外和石壁相连，石底之上又用巨石铺设了一层，以大石块砌筑成沟帮，沟帮砌齐取平，构成了一具南北长 10.2 米、北宽 3.45 米、南宽 3.5 米的石床。在石床基上用开凿洞穴下来的碎石又平铺了一层。这层碎石厚 10~15 厘米。碎石层之上又铺了一层黄土。特别是在东半部，由于雨水冲刷，一部分黄土被冲走，大石块都参差不齐地露了出来，一部分随葬的遗物落入了石缝隙的底下。关于黄土层的铺设方法，在室底南部二层台上，不铺碎石渣，而且是用黄土直接铺设。在黄土地表上，有用人工筑成的几道凹槽。大体是在室中部的三、四号车中间位置，有凹槽三道。槽长 3.15 米，宽 14~22 厘米，深 15 厘米。凹槽之间形成隔梁。在二层台即五号车的下面有凹槽两道。槽长 2.97 米，宽 32 厘米，深 15 厘米。凹槽的周边并不十分规整。整个黄土床厚 25~35 厘米，经过夯打。至于黄土床上面凹槽的用途很值得注意。由于南侧室是存放车马的地方，凹槽又发现于车子的下面，特别是轮的下面，有理由认为这些凹槽是为了稳固车体而设的。定县三盘山西汉墓车马坑的车体下面也有同样的凹槽设置。这是一个很重要的现象。在南耳室的最南端也有一道天然裂隙，由于石质不坚固，在施工打炮时从石缝处塌陷出一个直径约 1.8 米的椭圆形洞，终于使沉睡了两千多年的地下瑰宝被发现。

　　下面就按发掘顺序来记录南耳室地面从上而下的一些遗迹现象。在清理南耳室时发现地面上分布着一层厚5～8厘米的瓦片。这些瓦片在接近东壁下比较整齐，大体是东西方向分两部分叠压，以室中南北为基线，东面的自上而下向东叠压，西面的自上而下向西叠压，有的还保存着多半个或整个板瓦，但已大部变成碎块。这里可以看出瓦的叠压和分布是有一定规律的。在揭取瓦片以后，发现瓦片底下和一部分遗物上面有一层0.3～0.5厘米左右的木炭灰痕。这层木炭灰分布不均匀，有的还显示出木炭的颗粒。在南耳室东西两面排水沟中木炭灰最厚可达到30厘米，北面洞口下排水沟内木炭灰最多，而南面的二层台上保存较少。这可能和常年的山洞渗水冲刷和淤积有密切关系。南耳室大量木炭灰的发现，说明原来下葬时曾放了大量的木炭。这和战国墓中的积炭习俗是相同的。其目的是为了防潮，使殉葬品不腐朽。南耳室的遗物主要是车马，可以说这里是车马坑。这与在定县发现的较之刘胜墓为晚的三盘山的三座汉墓、八角廊中山怀王修墓中的车马坑的情况是相同的。三盘山三座汉墓和怀王修墓是土坑墓，但它们与南耳室在车马殉葬的方法和底部用黄土拍实压平、在车马坑两侧设置排水沟以及黄土表面铺设一层很厚的木炭、在车马坑顶部发现瓦片等方面都是相同的。南耳室顶部覆盖一层瓦片的问题，特别值得注意。其瓦片分布均匀，部分瓦片排列井然有序，而且存有一部分完整大瓦。在采集的标本中大瓦长55.5厘米，宽34～39厘米，厚1.5厘米。除了大型板瓦，还发现了绳纹筒瓦，一般长50.5厘米，宽14.7厘米，厚1.3厘米。这些完整以及破碎的瓦片，并不是直接盖在车马之上的，而是耳室有一个比较讲究的梁架结构，包括了梁、枋、柱子。排水沟帮的石基起着基石的作用。梁架顶部为人字坡，上面承托板瓦和筒瓦。由于排水沟附近发现了大量的板灰，可以推测柱子之间有木板隔墙与石壁相隔。整个南耳室就是一座大型椁室（外藏椁）——车马房。至于黄土地面上可能也有木板之类的结构。这样木椁室形制的车马坑，在河北战国到西汉时期的王陵如定县八角廊中山怀王脩墓、三盘山汉墓等处都能见到。在木构梁架及墙壁腐烂以后，瓦顶下落在车马具上，不但使车马房的复原有一定的难度，就是车马具的复原也有一定的困难。

4. 北耳室

北耳室和南耳室相对，中间以前室过道相连。其结构也和南耳室相近，平面呈长方形，纵剖呈长筒形，顶部也是圆拱形，为穹隆顶。洞室全长 16.45 米，宽 3.85 米，高 4.35 米。整个洞室和前室并不在南北一条直线上，而是在北部略偏东。从北耳室所占的空间来看，是南部大、北部小，即洞室北部比南部低矮。从南部洞口向北计算，在 2.25 米处东壁开始向内收缩，到北部 6.5 米处整个洞室体积又开始向内收缩，所以形成了洞室南部空间大，而北部空间小。北耳室地平面南部和前室相同，由南向北逐渐增高，洞口和洞北部最深处地面高程差在 50 厘米以上。北耳室的地表面接近前室这一部分，先用不规则的从洞里打下来的碎石块铺平，东西取齐，形成一个不太明显的石台级。台北略平，石台基以前呈斜坡状和前室相连。北耳室遗物大部分就分布在台阶以北的洞室内。北耳室地表的营造和南耳室显然不同，南耳室用黄土铺平取齐，北耳室是用石渣铺平，厚 25～35 厘米。其主要目的是为了填平凹凸不平的石底，使洞室底中部略高，两侧略低，越接近洞口部分更低，以便向外排水。北耳室的两壁开凿得并不规整，东西两侧壁下面和地平面接触的拐角处凹凸不平，弧度较大，形成很大的弯曲。另一个值得注意的现象是两壁底部每间隔 1.5～2 米有凹槽一个，凹坑直径 35～50 厘米。在清理瓦片时发现凹坑内有木板灰和炭颗粒的痕迹。这些属于人工开凿的凹坑在东壁底部表现得更为明显些。坑的排列是连弧形，东壁下八个，西壁下八个，呈对称形式，南北为一条直线。估计它是开凿洞穴时搭脚手架用的。其作用第一是为了使立柱稳在地面上凿出凹槽加固，中间再用横杆牵拉，以免由于柱基不稳而出现倾斜落架。第二是开凿洞穴后，利用这些搭脚手架的凹槽，形成构筑梁架立柱的柱础窝，上面结成中间起脊的人字坡，再上覆板瓦和筒瓦，形成一个储存庖厨、炊饮等生活器皿为主的外藏椁。这样就和南耳室的车马房相对应，构成刘胜墓巨大椁室的一部分。室内所出大量陶器等物都置于一椁室之中。因年久木质腐烂，当木椁顶部塌陷时，瓦顶下落，造成了瓦片在陶器上面掺杂零乱的情况。在陶器的表面，特别是凹槽中的石壁下有很厚的木板灰痕迹，分析当是原来木椁壁和柱架腐朽的遗存物。北耳室的石壁面开凿得比较工整，壁面也较光滑，显不出有大型铁工具的开凿痕迹，但地面、壁角的转折处都为圆弧形。由此可以看出，洞室开凿成以后，又作了一次精细的修整。从石壁下发现大量木炭颗粒分析，石壁和木椁壁之间原有防潮木炭。由于年深日久，山石空隙渗水，使石灰岩溶解后从洞顶滴下，形成乳白色的很短小的石钟乳。有的滴在陶器的表面，凝成厚 0.5～1 厘米的钟乳石瘤状片。这种现象在前室、中室和南耳室中也存在着。试想，如果再过几千年或再长远到几万年甚至多少万年之后，这座墓葬才被发现，洞内的钟乳石上下连接形成多姿多彩的石柱，下面又有大量的殉葬品，那该是一种多么神秘而奇特的景观。

5．中室

中室在刘胜墓室中部，所占面积和空间最大，表示这里是墓主人生前活动的中堂。一切随葬器物的安置，也就是按照这个要求进行的。中室的平面接近方形，四壁圆弧，上部收缩，横剖面有如一大穹隆顶。墓室东西长 14.92 米，南北宽 12.6米，中室西部最高处为 6.8 米。中室地面平坦，但结构比较复杂，东部和前室相接，中间为渗水井，又是二室之间的通道。地面最下为石底，石面之上铺了一层碎石渣层，厚约 15～20厘米；石渣之上为木炭层，厚约 10～15 厘米；在木炭层之上再铺一层厚约 30 厘米的黄土。这层黄土经过夯打、火烤，坚固而耐潮。在中室的周围有一个排水系统。它和前室形成一个整体。这套排水系统由中室中间顺东西两条排水沟和周壁的环形排水沟结构而成。中间的两条排水沟，顺墓室东西向将墓室分为几乎等距的北、中、南三部分，是从黄土地面以下到石头底形成。北侧沟道距北壁约 4 米，南侧沟道距南壁 4.15 米，沟宽 40 厘米、深 20～25 厘米左右。沟内存有大量的木板灰痕迹，可能在沟帮上有木隔墙，将中室分为三路。沿周壁的环形排水沟是外边利用石壁，里面在墓底黄土床的周围用一规则的石条砌成整齐的沟边，和石壁面形成一道宽 50～80 厘米、深20～40 厘米的沟槽。黄土床南北两路的西部和室中部的两道沟槽相连，沟槽的两端在靠近后室的回廊和后室石门处地势稍升，并用石块堵砌，防止渗水西灌。这样中室渗下的雨水可以顺中室周壁下的环形水道和中室中部的两条东西道顺流而下，灌入到渗水井之中。

中室的四壁是东壁为一大拱券，以通前室。西壁正面是先用人工开凿拱形洞口，再装修上可以启闭的石门即后室的正门，左右为回廊的耳洞。回廊从南、北、西三面环抱后室。在南、北两壁上开凿出两相对称的方形或长方形的石凹槽。这些凹槽大小接近，形状也不太一致。一般凹槽下部规整而深，长30~60厘米、深6~9厘米不等。北壁十八个，分上、中、下三排，中下两排等距；南壁十五个；东西壁各六个；共计四十五个。这些凹槽的作用，发掘者有两种分析：一种是开凿洞窟时用于搭脚手架和起支持作用；另一种是构筑中室大木椁和瓦顶都需要等距的木架支撑，否则难以支撑住瓦顶上的巨大压力，所以一些横梁也需要固定，这些凹槽起着架搁横梁的重要作用。石凹槽等距、密度、大小都有着一定的规律。越往室顶，凹槽也减少，合乎大屋顶木构梁架下大上小的规律。在中室地面分布着大量的板瓦和筒瓦，排列井然有序。板瓦大者长55.5厘米，宽34~39厘米，厚1.5厘米；小者长46厘米，宽30.5~35厘米，厚1.5厘米。板瓦表面施粗绳纹和弦纹。筒瓦表面压印直绳纹，一端有子母瓦口，一端抹平，分大、中、小三种。大者长50.5厘米，宽14.7厘米，厚1.3厘米；中者长44.5厘米，宽14.5厘米，厚1.3厘米；小者长35.5厘米，宽9.5厘米，厚1厘米。在这些板、筒瓦的背面有大量的朽木屑、木板灰的痕迹。这证明板、筒瓦之下原有一个巨大的木结构，包括柱子和梁架构成的屋顶以及木板构成的椁壁。一些柱子要立在排水沟帮的石条上。当木质腐朽时，梁架倒塌，一部分板、筒瓦落于木构件上，使这个大型的带有瓦顶的木椁原形已难于全面恢复。

6. 后室

后室位于中室之西，结构方法是先从中室西壁的中下部向西开凿一个一定高度的洞窟门道，然后再向上开凿成一个较大的主室和侧室用的岩洞，上为高大的穹隆顶，最后在洞室之内用石板材结构成造型精美的方形主室和侧室。开凿山洞的同时，在后室门道的两侧再开凿回廊。这条呈"门"形的洞穴回廊，把后室围了一周。整个后室可分为石门与门道、后主室、后侧室三部分。

（1）石门与门道。中室和后室相连的通道，由石阶、石门和过道组成。门采用曲阳一带所产汉白玉石板制成。全部仿木结构，包括石门框、抱框、门扉和门限，门扉向内开。石板光洁如玉，制造精细，各部件结构严谨。门扉为长方形，一侧有门轴，高 1.78 米。左扇宽 92.5 厘米，厚 5.4 厘米；右扇宽 89.5 厘米。两门扉各镶嵌一鎏金铺首衔环。石门未打开以前，双门紧紧地封闭着，数名参加发掘的人员用尽力气也难以推开。由于用力推，使石门和门框活动，发现门楣（上门槛）之上的靠南方向和洞窟之间有三角形的空隙。这个空隙是开凿洞窟时由于岩石劈裂，没能按原设计而开过了头。这个空隙可以爬进一个人去。为了解内部情况，由三名发掘人员从门楣上顺三角形的洞隙爬进去观察，结果发现在洞隙之内是一段较长的石板过道顶，上接石拱顶，用电筒从空隙处可以直接照见后主室的一切。原来在石门内的中下部对着门缝正中的地面上有一个顺东西方向的石槽。槽长 12 厘米，宽 5.5 厘米，深 10 厘米。在槽内安装一个长方形铜质带轴的暗栓（报告称为顶门器）（图六）。暗栓形如刨子床，中为凹槽，长 19.3 厘米，宽约 6 厘米。暗栓的后端槽内，灌铅加重。中部安装一横轴，轴两端卧入石槽两侧的小槽之中。由于重力作用，灌铅的后端加重而后垂，前端体轻而翘起，暗栓的上部和地面取平。

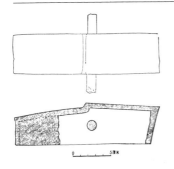

图六　刘胜墓（M1）后室
铜顶门器（1:5190）

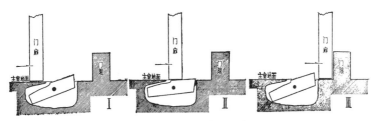

图七　刘胜墓（M1）后室铜顶门器使用示意图（Ⅰ.门扉关闭以前；
Ⅱ.门扉关闭过程中将顶门器压下；Ⅲ.关好后顶门器自动翘起）

当室门向外关闭时可以压使暗栓和地面取平而过，室门合闭后暗栓前端又自然翘起，其前端立面正好顶在门缝的正中和双扇石门上面，而沉下一端卧入顺槽之内，使石门再也无法开启。这种暗栓起着暗锁的作用，构造比较科学（图七）。在门道上部靠近门楣处也有凹槽，可能原设木枋之类以顶住门扉。凡此都是为了防止后人盗掘墓室而设。发掘者将暗栓压平，门外的人员使劲推启，终于将门打开了。门的内部为长方门形道，左、右的门道顶都是用三块洁白的雪花石构筑，整齐美观。通过门道以后，就是刘胜墓室重要的组成部分，也就是陵寝主椁室了。

（2）后主室。为了清理方便，发掘者把电源接入主室之中，发现室内堆积了 30 厘米到 1 米厚的草木灰层，其中还夹杂着大量的木炭颗粒。同时发现，这座精致的仿木结构的石室，除北部保存两块石架的人字坡顶外，其余室顶已经坍塌。经分析，这种坍塌的原因可能和历史的地壳震动、山水冲刷等有关。室顶的石板先落入室内，砸毁一部分随葬品，随后室顶上部填塞的草木灰、木炭也落入室中。发掘人员对这个椁室的每个部件进行拍照和测量，记录了椁室的情况。

这座主室是由青色石板岩对砌而成。其结构完全模仿当时的居室。主室平面呈长方形，南北长 5.46 米，东西宽 4.06 米，墙高 2.28 米。四壁是由大小不等的石板所构成。西壁为正面，由五块并立的石板构成，石板呈梯形或平行四边形，

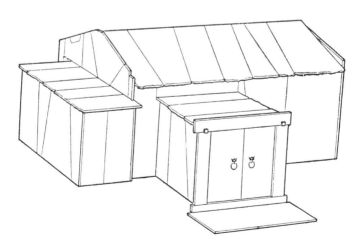

图八　刘胜墓（M1）后室石屋复原透视图

北端一块的上部用一小梯形石板修复。东壁除过道、石门两扇以外，由上下四块方形石板组成。北壁由四块方形石板所组成。南壁由大小不等的七块立形石板所组成，石板有梯形、四边形、五边形和扇形等。南壁靠东开小侧室（浴室）一座，有门扉一扇。从残存的北壁可以看出，这座石椁室（实际是主室）的顶部作"人"字坡拱架而成，石板与石板之间咬合，大部采用斜线形，用以加强支撑的力量（图八）。

（3）后侧室。在进入主室以后，就可以见到南壁靠东端的一座长方形的石门。这座石门单扇，向外开。石门之上有门楣，门楣长86厘米，宽9厘米，突出南壁12厘米；门扇高181厘米，宽82厘米，厚5厘米。在门扉的右侧上下有门轴，为了牢固起见，门轴处也安装上了铜包角。门扉正面左侧安装铜质鎏金铺首一件，可以扣着铺首环把门拉开。进入小门内发现门内左右各立石板一块，小侧室东壁内两块长方形石板组成，西壁由一块长方形、两块梯形石板组成，南壁由四块梯形石板组成，北壁即主室的南壁，侧室顶部由五块长方形或梯形石板组成。这样整个侧室像一个长方形的箱子。从侧室中发现的浴盆、错金博山炉等分析，小侧室应是象征着墓主人生前居室侧面的一个浴室，沐浴后即可进入寝室。

主室、侧室和门道是一个整体。在营造上，事先是有着一个比较完整的设计蓝图。从后室洞窟的开凿，到后室的完成似乎有一个完整的营造程序。洞窟的平面从门道到后室近似"凸"形，上为穹隆顶。在这个空间中，石地面是凿平的，凹凸不平地面垫以碎石渣，然后在这个地面上按各室布局平铺上一层石板。石板缝之间以白灰勾抹，填平。按照平面设计，先筑主室，建起左右山墙和前后壁、门道以及石门。各石板之间用弯头铁钉扣紧。缝隙大处以木板条填塞，再以石灰勾缝抹平。为了使各立壁稳固，在石板墙和洞壁之间用石块和黄土填满，用以加强支撑力。屋顶为前后两坡的人字顶，顶部石板的下缘有深2～3厘米的浅槽，以便搭在东西两侧的立石壁上。顶部中脊相接处可能还有铁弯头钉和木条加固，然后再以石灰勾缝抹平。在过道、中室、侧室顶部完成之后，为了防潮，在它的上面铺满了草木灰、木炭。从未塌陷的北部屋顶尚存的草木灰观察，至少有30～45厘米厚。

清理后室以前，曾根据郭沫若同志的指示，对后室墙壁用红外线感光片拍照，观察是否绘有壁画，结果发现在门过道、后室和侧室的墙壁上都涂满了一层朱漆。有些朱漆已经落地。这层朱漆并非只增加了室内的光洁度和美观，更重要的是起到了加固的作用。汉文帝营建霸陵时，曾"以北山石为椁，用纻絮斮陈漆其间"[1]。石椁涂漆乃是当时的一种制度。

回廊围绕主室的周围，从后室石门两侧向西开凿，然后又从南北两个方向对头开凿而会合，形成了一个与主室有石屋相隔开的而又把主室围在正中的半环形洞。这个环形洞实际起着回廊的作用。回廊全长39.1米，洞口高2米，内部高1.8～2.15米。回廊的南口和北口都凿成外低的斜坡，以便回廊中的积水从回廊中部流出，流入中室两侧的排水沟中。

（二）科学的排水系统

在开凿洞室的同时，就考虑到了洞室内部的排水问题。因为刘胜墓除了巨大的岩洞，又在洞内用木结构营建了"正藏"和"外藏"椁，犹如在大石洞内又包了一层"木箱"，所以洞室内部的排水问题基本都是处理在石室壁和木椁壁之间的。要构成这样一套顺理成章的科学排水系统，没有一个精心的设计是难以完成的。其排水系统的网络形成，采取前后、左右对称的形式。例如，南、北耳室两长壁下设水沟，积水可从南北两个方向由高而低地流入甬道和环前室的东、南、北三条排水沟中，然后从前室西排水沟顺流而进入渗水井。中室和后室也采取了万源归宗的方法。中室分三路设排水沟，而后室和回廊的积水直接流入中室南北两壁下的长沟，再由长沟向东分别注入渗水井。从墓内遗物保存情况分析，墓室内没有遭受大的雨水冲刷和毁坏。这说明排水系统发挥了作用。

渗水井位于前室过道和中室相接处中心位置的斜面上。它的构造方法是在东高西低稍呈斜坡的石地面上开凿一不规则的长圆形坑口，南北直径 2 米，东西直径 1.5 米，深 2.1 米，坑壁直上直下，壁面修凿比较整齐，如同一个环形的石槽。在这个大型渗水井内，淤积着一层很厚的黄土，深度为 0.5 米。坑内的黄土并非原有，而是从前室过道以及排水沟周围黄土床上经多年冲刷而来。清理时发现坑内的黄土是一层层堆积而成的。渗水井开凿当时就已考虑到整个墓室内渗水的流向问题。从一号墓整体位置讲，渗水井所处的位置最低。在渗水井西面和南北两侧都有排水沟环绕。这些排水沟把前室、中室、南北耳室以及回廊连接起来，构成一个整体，使四面八方的积水都被引入渗水井内。为了使排水设施不致遭受自然的破坏，在各室排水沟上都用不规则的小石板覆盖着。石板之上都用黄土垫平、夯实。在这个不甚大的环形井口上，用厚约 15～20 厘米、占地面积约 4 平方米的两块长方形大石板覆盖着，将渗水井封平。石板盖上又覆盖 20～30 厘米的黄土，土表上有一层板灰，再上就是殉葬品了。

这样科学的排水系统和墓室内部结构的设置有着密切的关系。因墓室整个结构都是在洞窟之内又搭起了一个由木架结构和瓦顶组成的椁室，瓦顶的积水也可沿石壁之下的排水沟再疏导到渗水井内。这在两千多年以前，应是营建方面的一个很大进步。这种排水设施也见于在定县发掘的较刘胜墓略晚的三盘山汉墓。三盘山的三座墓的结构虽为土坑木椁墓，分为内藏和外藏椁，但在外藏椁分三路及环外藏椁周围都有排水沟，椁外还掘深沟来泻水。三盘山无渗水坑，此点和满城墓不同。

（三）宏伟的椁室和梁架结构的复原

刘胜墓室的开凿，距其埋葬可能有一段时间。就是说刘胜在未死之前，就已选定陵山这个地方作为自己百年之后的茔域，并征遣工匠为他开凿这座巨大的洞窟了。从墓内出土的一些铁质的锤、镢、凿、锛、锉、钎等工具来看，大都是一些小型工具。正是这些现今看来简陋的工具，却开凿出如此巨大的洞窟，其工程之艰巨，耗费人力、物力之大可想而知。墓洞全长为51.7米，以最宽处为37.5米、最高处为6.8米计算，其容积为2700立方米。按照墓室的大小，用现代技术开凿也要用一年多的时间。这在两千年前的技术条件下，其工程的艰巨性是不言而喻的。

据计算，墓道：$20.63 \times 4.1 = 84.583$ 平方米。南耳：$16.3 \times 3.4 = 55.42$ 平方米。北耳：$16.5 \times 3.7 = 61.05$ 平方米。中室：$14.92 \times 12.6 = 187.992$ 平方米。后室门道：$2.4 \times 1.84 = 4.416$ 平方米。后室主室：$5.46 \times 4.06 = 22.1676$ 平方米。

后室侧室：3.59×1.23＝4.4157平方米。回廊：总长41.9×平均宽2.2＝92.18平方米。总计面积514.2293平方米。开凿洞窟之前肯定有一个比较科学的设计蓝图，包括洞窟的形制、布局、里面的排水系统等。虽经两千多年风雨侵蚀，在漫长的岁月中经历过许多地震灾害，但洞窟没发现有崩塌现象。现南耳室出现的小裂痕，还可能是开凿洞室以前就形成的。其保存如此之好与墓洞科学而精心的设计、合乎力学原理的结构有密切关系。为了减轻洞窟壁室的压力，顶部全部凿成穹隆式，而洞窟的四壁、顶壁接触的壁角相交处也全部采用弧形。整个洞室不见直壁直角相交，外观呈筒状，相应加强了顶、壁之间的支撑力。

刘胜墓的布局，乃是汉代礼仪制度所规定的。这是从战国以来贵族墓葬一直延续下来的一种丧葬制度。刘胜夫妇墓和较晚一些的山东鲁孝王刘庆忌墓都是仿效西汉孝文帝霸陵之制是很清楚的。据《史记·孝文帝本纪》记载"霸陵山川因其故"，《集解》应劭曰"因山为藏，不复起坟，山下川流不遏绝也，就其水名以为陵号"。刘胜墓"以山为陵"也正使陵山的"山川因其故"，致使后来无人知道山内有靖王刘胜陵。霸陵"发近县见卒万六千人，发内史卒万五千人，藏郭穿复土属将军武"，共计动用士卒三万一千人。以中山之国力不会动用像霸陵这样大规模的人力物力，但从刘胜的地位、恩宠情况，动员士卒人数也不会少于万人，其中包括了士卒和刑徒。除动员中山国的力量以外，可能还包括了朝廷诏令相邻的诸国的支援。除了巨大石室，在洞室之内又修造了宏伟的木梁架结构，起到椁室的作用。汉代诸侯王死后，皇帝常有赐赠。《汉书·霍光传》记载，霍光死后皇帝赐"金钱、缯絮、绣被百领，衣五十箧，璧珠玑玉衣，梓宫、便房、黄肠题凑各一具，枞木外藏椁十五具"。服虔注：外藏椁是"在正藏外，婢妾藏也。或曰厨厩之属也"[2]。刘胜的主室即停放尸床之处为"正藏"。正藏之内有更衣、沐浴之处（小石室）。中室以外包括车马房、庖厨之属为"外藏"。"藏"与"葬"通假。据分析，巨型石洞之内，按照汉制，又以木材构筑了"内藏"和"外藏"椁。这种椁的形制和三盘山等西汉王陵木椁营造形制是相同的。根据墓内遗迹不难复原其形制。除了墓道部分，还营造了带有梁架、室顶和各部相连的木椁。

前室和甬道的黄土床总计 84.6 平方米，四周石板上设立柱数根，而立柱之间以梁架护墙相连，正东设门和墓道相连，上为人字脊式瓦顶。南耳室总计 55.42 平方米，其复原是沿石壁的东西二壁下侧在柱础石上设立柱八根（根据北耳室有八个柱窝复原），柱间为木墙，柱上有梁架和人字坡瓦顶。前室和南耳室都是车马房。北耳室为 61.05 平方米，在东西两壁下已各有八个柱石窝，明显各有柱八根，柱上有梁架，上托人字坡瓦顶，柱间为护墙，构成外藏椁。北耳室为庖厨之属。中室为 187.992 平方米，属"外藏椁"之"中庭"，是在石洞之内搭起的一个巨大木椁室。从墙壁上长方形石槽分析，南北至少有七排立柱，东西两面不会少于四排立柱，上托梁架和巨型瓦屋顶。柱间有横梁、木板墙，形成一个面积约 188 平方米的大椁室，象征墓主人生前的"前庭"（堂）。堂内中分三路，路间还有隔墙等。发掘时木构件早已腐化。室内陈设帷幕、宴饮、生活用具等。后室为 22.16 平方米，为主人停尸之所，以石板砌为椁室。中、前、左、右耳室与后室均为石椁室这种形制。刘胜墓是在岩洞之内又按照礼仪规定，建造了"正藏"（内藏）和"外藏"木椁，体现了丧葬制度的规范。

（四）墓内遗物的分布概况

刘胜墓内遗物的清理工作和一般大型汉代平地营陵、穿土为穴者不同。它墓内没有土方，只是由于"外藏椁"的椁顶下塌而使遗物上面压着大量板灰和瓦片。真正费人力、物力的是清理墓道口以外的甬道中的积土、积石。为此，当时仅把墓道口清出即行中止。墓道口以内甬道中的卵石块、土层，因工作量大未行清除。发掘时从墓南面长达 24 米、高约 2.5 米的掩体洞西端崩塌而成的漏洞出入。为了方便，后来在这里安装了悬梯。墓室内部的清理，只是揭取覆在器物上的大量瓦片，清除浮在器物上的板瓦和木炭等。谈到墓内遗物分布，最初入墓所见到的情况值得作一些说明。

考古工作者最初进入墓室是在 1968 年 5 月 29 日[3]。当时从南耳室南端东侧崩塌漏洞中下探 2 米左右到达墓室地面，一直进到洞室的深邃之处。借助手电光亮，看不到尽头。在南耳室地面由南向北分布着大量饰有绳纹的板瓦和筒瓦，瓦片排列有序，应是一个巨大屋顶倒塌下来。在瓦片之下则是各种鎏金的车器，有车舌、盖弓帽、辖等。紧接着就是排列有序的马首骨，马埋葬得也很有次序，说明这是一座车马房。从南耳室北行 15 米，地面上除了车马，还发现大量狗骨架，上面都覆盖着板瓦。再北行又是一个南北向的大洞窟，惟地势略高，在洞口地面上发现一盘石磨和拉磨的马骨架，而洞西侧排列着大酒缸、铁炉等。再北为层层叠落的大瓦片，瓦片下是堆积如山的各种陶器，有壶、瓮、盘等，许多陶器彩绘朱、黄、黑、白诸色，鲜艳夺目。陶器堆放有一人多高，一时难以数清。从北耳室返回，通过"十"字形甬道到达前室，地面又是一层瓦片，覆盖着鎏金或银制的车马器、猎狗的骨架、鹿骨等。从前室西行，地势略低凹，进入一个约 188 平方米的大洞窟即中室。在凸凹不平的地面上，完整的大瓦层层叠置，大瓦参差不齐，一些珍贵的金、银、鎏金青铜器杂乱地放在大瓦之中，有些青铜器、武器都是配套存放在一起的。这个大洞窟西面石壁上露出晶莹闪光的用汉白玉石砌筑的石门和门旁的石跪俑，表明门内就是墓主人的内寝即后室了。在门的两侧有拱形回廊，地下有流水冲击的砂石。这里也发现了陶器。考古人员在墓室内勘查了近两个小时，认定这座巨大的地下殿堂是一座西汉时期的贵族墓葬。墓内回声很大，洞内不时响着滴哒的水声。特别是对中室的青铜器进行了仔细的观察。在一件记录位置后临时取出的大铜镂口沿上面刻有"中山内府铜镂，容十斗，重卅一斤，卅九年九月己酉，工丙造"的铭文。这件铜镂为人们提供了铜器的所有者即墓主人和墓葬年代的依据[4]。

墓内遗物清理顺序，基本是按照第一次进入墓葬的顺序，即前室和过道、南耳室、北耳室、中室、后室的顺序进行的。现在把各室遗物的发现和分布的详细情况记述如下：

1．前室和过道遗物

由于前室起着过道的作用，位于通往南北耳室和中室的交叉点，地面较平。考古人员一片一片地将已破碎的瓦片揭去，清除浮土后看出这里放置的主要是两辆车子。在东面略高一点的位置上放置着一辆（1 号车），西面的斜坡上也就是排水沟顶上放着一辆（2 号车）。在接近北耳室洞口殉马一具。这一具因距石磨较近，显然和石磨有关。接近南耳室放马一具。在前室过道西部也就是排水坑的顶部及其左右，比较有次序的殉葬马四具，其前躯和马首基本都是向南的。在前室过道北壁下有鹿骨一具。值得注意的是，在前室过道西半部围绕 2 号车的周围分布着带有衔镳和当卢的较大的狗骨架十一具。现在按照遗迹的分布情况，分别编号叙述。车辆编号为 1～2，和南耳室车辆编号相衔接。马架编号 12～17。其他鹿、狗架编号 18～29 号。

1 号车为单马双辕车，车位于前室过道的东面，车体已坏，马架编为 13 号。1 号车上的马具、车饰全部为鎏金青铜制品。从其分布情况看，如鎏金络饰、衔镳、衔饰在东，而车軎、盖弓帽及其附件在西。此车体坐西向东。车附近只发现一匹马与此关系密切，车上没有发现"T"形辕饰等。此车应是由一马驾的双辕车。

在两个鎏金铜车軎中间发现了在 1.4 米范围内平面呈东西窄、南北长、厚 0.5～1.5 厘米的朱色漆皮，在漆皮内夹着木质纤维的痕迹和各种青铜串饰件等。显然朱色漆皮为车的舆箱腐朽后的遗存物。两个鎏金铜车軎间距 2.66 米，是木质车轴的长度。在两个车軎的里面各有一个小铁圈，名之为辖，是固定于车轴上的，内有朽木和两枚铁钉。车軎各贴附一个大的铁轴箍，铁轴箍和车軎之间的长度为 26.5 厘米，很显然这是毂的长度。

伞的痕迹比较明显。在两个车軎之间分布着一种曲状带花蚤鎏金盖弓帽，共计十六个。它们分布在 1.2～1.8 米之间的范围内，据此可以推测伞的半径为 1.5 米左右。在车箱附近还发现铜弩机一件。衡末和轭上的铜轪发现在 13 号马架的后腹部。马架头东北，尾西南，而四肢朝向西北。这匹马是杀死后平放在这里，头上带的络头、当卢、衔镳等物都原封不动地

图九 刘胜墓（M1）甬道车马遗物分布图

放在它的背部，但革带皆已腐朽不存，只存鎏金铜辔件。

2号车为四马单辕车，马的编号为14～17号，发现于前室过道和中室之间部位。车子遗迹和马、狗骨都密密麻麻地排在一起。由于它位于排水坑上面的石盖板上，这里是全墓室最低洼之处，渗漏雨水的冲刷使一部分车、马的位置有移动，但还可以完全看出遗物殉葬时的原来位置和存放的规律。清理时先把2号车子上面的一层黄土取掉，露出了原车体舆箱的朱漆木质痕迹、大量的车马器和动物骨骸（图九）。

2号车的车制，从车辕部位发现的龙首形辕饰和T形饰位于正南，从辕饰中心线往西和南北两车軎交叉点以及盖弓帽分布情况看，2号车是一辆四马单辕双轮车。

辕又称为辀，铜辕饰为T形，其中包着一个直径约5厘米的木心，顺东西平放着。在辕饰正东20厘米处为一龙首形鎏金铜饰，口部穿通，显然是安置衡木的。龙首饰距两轴箍中心点为2.85米，这可能就是这辆车车辕的长度。

在辕饰的两边发现了一套衡上的饰物，即鎏金铜末和轭。两末南北距100厘米，二轭间距25厘米，轭和末间距35厘米。从衡上的附件看，两末的间距应是衡的长度。在衡的东面有轭角一件，轭角间距35厘米。

两个铜鎏金车軎在甬道最南端，即15号马脊背和16号马前肢下，一南一北，基本在一条直线上，间距1.68米。这是车轴的长度。关于车軎以内的构成，两车軎内各有小铁轴箍，内有铁钉二枚和軎紧贴在一起，名为锏。《说文》曰："锏，车轴铁也。"《释名》曰："锏，间也，间钉轴之间不相摩也。"锏跨于轴上和毂中的钉相摩擦，实际也是一种轴箍。而锏之内间距约30厘米为钉，即大铁轴箍。这可能是毂的长度。钉内有兽首铜插头，应是舆箱两侧起到制约作用的饰件。值得注意的是，在车轴中心线以西发现了铜鎏金弓耳形饰物。这两件东西并排在一起出土，二者间距100厘米；另外在15号马头骨南也出土两件弓耳形铜饰，位置与上两件东西相对。这四件联系在一起，正好处于车箱四角的位置。一般车上为两件，此车独有四件，并和弩机配合出土，可以想像它是一种为弩机发射用的"承弓器"。

伞盖情况是在舆箱2.17米范围之内分布鎏金铜盖弓帽一组计十二枚，在车舍以东45厘米处有鎏金铜伞铤一件。在2号车附近有马骨架四具，保存比较好，可以看出都是原来杀殉后存放的位置。马架14号位北过道下，头南尾北，四肢朝西；马架15号位车体中，四肢盘曲，头胸与后胯部显然是埋葬时才把它折在一起的；马架16号在车体西南；马架17号头东尾西，四肢朝北。四马围绕在车子周围排放，主要放在车辕两侧，马上的辔饰全部摘下来放在马架的附近。例如，14、15号马首前面就有两组铜衔镳，而16、17号马的衔镳放于12号马架背部。12号马为拉磨用马，无佩衔镳之必要。

狗骨架在前室过道西部2号车的周围，共发现了排列较密而又有一定次序的狗骨架十一具（编号为兽架18～27、29号）。这些狗骨架是杀戮后殉葬的，都是冀中的"细狗"（即"高腿狗"）。从遗物分析，狗颈上带有铁链，口含铜镳和头戴鎏金的小铜当卢。这些狗装备得很讲究。从排列看，计有大狗八头、中狗二头、小狗一头。在葬式上，头东者四、头南者二、头北者四、头西者一。狗的四肢全部朝向车的内部，是和车子在一起的。另外，在北壁角排水沟旁有鹿骨架一具。

从2号车总的情况分析，2号车为单辕四马驾驭的"驷马安车"。单辕车上放四架以射箭镞用的承弓器和弩机。十一只狗有大有小，和车子相配合，显然是专供狩猎用的车。这辆车金碧辉煌，装饰讲究，马具为鎏金，猎狗也装备得非常漂亮，应是墓主人刘胜生前外出狩猎用的车。车旁的一只鹿，表示为狩猎的收获。

2. 南耳室——车马房

南耳室主要的放置物为车马，但和前室、过道放置的车有所不同。这是由车子不同的用途所决定的。由于南耳室南端人工隧道塌陷，致使一部分遗物改变了原来的位置，但主要的遗物以及覆瓦仍可以分辨清楚。有很少一部分马骨、车马饰暴露在瓦片层之上，个别的遗物移动了原位置。这主要是由于室顶木架结构的倒塌、瓦顶下陷造成的。但大部分遗物，特别是车子的主要部件如轴、舌、辕饰等基本还是原来的位置，只是木质已经腐朽掉。有的车体基本可以复原。在我们揭取掉上面覆盖的瓦片之后，发现瓦片下面有一层木炭灰，在木炭灰中间发现一些木质纤维痕迹，纹理比较清楚，一些纤维粘在瓦片之下。在木炭灰下面还发现有朱色漆皮的痕迹，但是这些漆木质遗物保存不好，很难找出它们的规律来。推测这些漆木痕迹，有的可能属于原来车子上面辕、衡、舆板等部位，大多无法复原；另一部分也可能属于木架结构上面的朽木。

南耳室的遗物包括有车子四辆、马十一匹。在每辆车子所在的位置上都发现有车饰、马具、辔饰。有的还发现有漆皮的痕迹。车子上大都有伞盖，主要为双轮车，但是辕不同，有单辕和双辕的区别，已经发现了辕饰和弓形铁支架。现按车马的记录编号，自北而南分别叙述。车子编为 3～6 号，马架编为1～11 号。

3 号车为四马单辕车，位于南耳室北洞口，和前室的 1 号车相对，中间有排水沟相隔。从辕饰分析，此车坐北向南。因为只发现一个辕饰，而且位于两车舌的中前方（南方），所以考古人员分析这个车子入葬时从墓口一直拉入墓，是辕南舆北，轮分左右。舆箱已分辨不出原貌，只在盖弓帽附近的范围内清理瓦片时发现瓦片之下粘有一层赭色和朱色漆皮片，在马骸骨下也压有朱漆残木屑。这些不同颜色的漆皮、木屑都是车舆箱上的。

此车为一单辕双轮车。车舌发现在 2、4 号马的两侧，两个车舌间距为 2.4 米，此应为车轴的长度。毂已朽，但舌、毂和轴上的铜铁质构件还保存着原来的位置。它们的关系是两个鎏金铜舌以内各有一个贴得很紧的小铁圈（即𫓧），木轴头插入其中并以两个铁钉固定在木轴头上。铁圈之外应是毂，木已朽，外面 30 厘米有一个大铁匝，直径 8.8 厘米。铁匝外附着一层纵行的木质痕迹，而铁匝内没有木痕，推测这个铁匝就是毂上的内𫐐即钉了。两铁圈即𫓧、铜𫐐。其间距 30 厘米即毂的实际长度。由于车舌的位置稍有移动，推测其舆箱比较准确的宽度应是两钉之间的距离，即 2.46～2.8 米之间。

伞盖遗迹在 3 号车的轴心部位，南北两侧分布着方形圆顶盖弓帽九枚，分散在 1 米直径的范围之内，可以看出这是一柄小型伞。铜辕饰呈 T 形，下附一段辕木，直径 10 厘米，表面涂朱漆。它和轴的间距为 3.4 米。在 1 号马架下面发现了一件弓形铁支架，表面包有一层朱漆皮。据各地发现情况，这种铁支架已非原位。它是安装于单辕车辕子的下面，起着在车子不用时支撑辕的作用。

衡饰在 2～4 号马架之间，衡木已朽，上有铜末二、铜𫐐四，两末间距为 1.68 米。在两铜末近处各发现了轭首的轭角，成三角形分布，轭高约 70 厘米，推测轭角间距 40 厘米左右。

和 3 号车关系密切的马架四具（编号 1～4），是将马杀死后放在 3 号车子周围的，骨架保存普遍不佳。从马架的分布看应是有意安放，两两相对，有序而不乱。关于马络头上的辔饰品，都发现在马头前侧，显然是杀死马后将络头摘下放置的，包括鎏金铜衔镳、辔饰、当卢、泡饰等。

4 号车为双马单辕车，位于南耳室北、3 号车之南。由出土的辕饰可以肯定为单辕车。车轴靠北已朽。两端发现铜轴箍各一件，铜轴箍的间距为 2.28 米，应为轴的长度。大型盖弓帽计十九枚，分布在 5、6 号马骨之间，直径 2.25～2.8 米，可以看出是一柄大伞。

衡饰发现在 5、6 号马之间，有衡、轭两件，作东南—西北方向分布，间距 34 厘米，近轭处发现轭首、轭角，推测轭的高度在 75 厘米左右。

在 5、6 号马架的前腹部位，发现有小形青铜弩机二件、鎏金承弓器二件，东西并列。它们是配套出土，二弩机间距不过 40 厘米，弩机近前还发现有铜镞数枚。在西面弩机前侧发现环柄铁刀一把，附近散乱分布着一些带銎的小铜勾，在 6 号马南面发现有曲状铁部件和方形铁片等，上面都附有朱色漆片痕迹。

4 号车上有马架两具（编号 5、6），马头上的一些辔饰品，各式铜泡、鎏金兽面形铜当卢、衔镳等都放置在舆箱之前。此外，还有一些大的环子，可能是皮勒上用的。在 5 号马架的肋骨附近发现有圆形鎏金服饰三件。它们的背面有横鼻，与一些铜扣、亚腰铜饰一起出土。在铜饰的背面粘有朱褐色皮质腐杇后的纤维痕迹，分析它们很可能是属于马服上的。值得注意的是在铜弩机附近发现了一枚五铢钱。

从4号车上出土配套弩机、铜镞、铁刀等分析，这辆单辕双轮车是一辆征战用的战车。两匹马的辔饰也很复杂，身披马服，头带金碧辉煌的络饰和当卢，行动起来非常气派。

5号车为双马单辕车，位于4号车南面，居南耳室中间微靠南。在车子北面地表上有凹槽三道，4号车的一部分盖弓帽分布在这里。

辕木早已不存。在车体位置前面发现两件完整的鎏金筒状车饰，一左一右，可能为辕饰，筒状饰中残留着木质，一头和筒状饰平齐。推测5号车为单辕双轮车，也是辕南舆北。

属于轴的痕迹已看不出。在揭开上面瓦片时，发现盖弓帽分布的范围内有朱色漆皮和木质舆箱残片。车害是鎏金的，是已发现的五辆车子中较大的一种。东面车害在7号马架中腰部，西面车害位于8号马尾后部，二害间距2.2米。此系轴的长度。车害之内小铁圈为铜，内有28.5厘米的大铁箍即釭。28.5厘米即毂的长度。釭内为兽面圆头铜方插，插木已朽。这种鎏金圆头铜插是舆箱两边一种辖。在舆的东北部发现了铜曲尺形饰，似为舆箱的包角。

在两个车害之间分布着一组大型鎏金盖弓帽，直径约2.8米。衡的轪发现于8号马架的背部。另外，在7、8号马架之间发现了两件承弓器，但未见弩机。

5号车为两马（编号为7、8）驾驶，一匹头北尾南，一匹头东尾西，附近有两组络头及辔饰、衔镳、当卢。7号马头上的一组，是杀死马后摘下络头放于车头南部。8号马的络头、辔饰等还戴在头部，辔饰、铜泡等还附着在头骨之上，可以肯定杀死马后并未摘下单独存放。这种情况可以说并不多见。

6号车在南耳室最南端的二层台上，一部分遗物分布在台子的斜面上。在最初打隧道发现人工洞口时，有一部分石灰岩块（约16立方米）落在二层台上，致使6号车和三个马架被压在石块的下面。清除积石露出瓦片，发现大量的朱色、赭色漆皮和朽木痕迹，马首多已腐朽。

两件铜车害发现于南端，间距1.7米，应为木轴长度。此车制造精细，形体也小。车害以内为小铁圈即铜和铜插。在车舆的两侧，发现有轭首和轭角两套。西面一组轭高60厘米，两轭角间距50厘米。在11号马首附近发现了衡饰和铜末。

这辆车上有大小盖弓帽两组。大的一组分布在车体的西面，小的一组分布在东面，并有鎏金铜盖柄出土。二者作交错式分布，范围在直径1.8米之内。在车害附近发现有弓形铜车饰和小型铜弩机各一件。

6号车推测可能属于双辕车。与此车关系密切的有三具马骨架（编号为9~11），但不全都属于车子上。9号马位于二层台东北角，四肢朝西；10号马位于二层台西，头西尾东；11号马架头东尾西。这三匹马的辔饰是刘胜墓马具中最为豪华的。在9、11号马的前腹中分布着麻花式鎏金铜衔镳两套，还有铜衡饰和末。在10号马首附近发现有铜马衔二件，有带镳的，也有无镳的。在马首前方发现两套关系比较明显的轭首和轭角以及残铜当卢一件。在9、10号马中间分布着不少属于马身上的佩饰品，而且大部分属银质的。不但形制不同，用途可能也不一样。有的属于马头上的当卢，有的可能属于马服饰。这些银质的辔饰品都是用较薄的银片压制加工而成，一般都镶嵌着玛瑙，上面作出圆孔，用线钉于皮质之上。在9号马前肢附近，分布着十三枚圆形嵌红玛瑙银质马服饰。这些马服饰的背面有赭色的纤维质，是皮质的痕迹。在它的周边有小眼显然是穿线用的。在圆形银服饰的西面发现有大型银质当卢一件，外面镂出镶嵌宝石的长方孔三个，周有线眼。在10号马首附近也发现了银当卢三件和一些银质饰片等。

总之，6号车附近的三匹马不全都属于车上。其中可能有刘胜生前乘用的装饰豪华的坐骑两匹，另一匹马属于车。

3．北耳室——庖厨和酒房

墓主人刘胜其人，据《史记·五宗世家》记载："胜为人乐酒好内，有子枝属百二十余人。"他生前贪图酒色，斗鸡走狗，射猎郊游……这在墓内都反映了出来。刘胜墓的北耳室实际反映的是他生前享受奢侈生活的庖厨和巨大的酒房。下面从北耳室洞口开始，从南往北进行描述：

北耳室的遗物主要是陶器及少量青铜器和铁器，其中一部分是属于生活器皿，大量为冥器。从器物的分布和存放位置看，很多器物之间都有密切的关系。原来殉葬时一些实用关系较为密切的或者是配套的器物都存放在一起。酒器、食器、炊饮器、工具等庖厨之属都密密麻麻堆放得像小山一样。犹如一个大的储藏室，生活日用杂品充斥其中，特别是当时的一些食物也随葬在北耳室。室内遗物的储存分为几个群落，自南而北，地面逐渐升高，器物也显得拥挤，最后由于无法摆平摊放，只好一层一层地叠摞在一起。清理北耳室时发现大量陶器上面都覆盖着很不整齐的一层板瓦和筒瓦，其中有少量还是完整的。这些瓦是由于北耳室原构筑的梁架腐朽倒塌后，瓦顶下陷造成的。一部分陶器被砸坏，有的瓦背面还粘着一层木炭灰和朽木屑。北耳室的遗物大体可分为三大群。

在洞口部分发现了一具马架（编为 12 号），头南尾北，四肢朝东，骨骼腐朽严重。在马架的北面放着一盘石磨（上下两扇，蜂窝形磨齿）。在石磨下有一个很大的圆形铜漏斗式铜磨盘，铜磨盘里面有四根平行的立柱和朽木，以支撑石磨。朽木应是铜磨盘内的木制附件。磨盘下面有朽木痕迹，据此分析在铜磨盘下面应有方形木架将磨盘架起。使用时将粮食加工品顺双磨孔投入，混水后形成流质物顺磨盘流入铜漏斗之内。流质物再从铜漏斗中心流下，在磨盘底下木架中间还设有一个接取流质物的木桶。磨南面的一匹马无辔饰、衔镳，说明是拉磨用的。和石磨为一群的器物有磨盘北面和西面的陶器和铁器。室内整个器物的存放特点都是自南而北，左右（即东西）两排并列，中间形成了一个很长的通道。在石磨北侧为一组陶壶。而西面一组为炊饮器皿所组成的器物群，大小不同种类的陶盆排列着或数个盆叠摞在一起，另有罐、甑、白衣或素面陶壶。在西壁下还发现两件摞在一起的四足长方形铁火炉。

在北侧室中间约占三分之一面积的位置，是左右两排大型酒器陶方缸，每排八个，共计十六个，属于实用品。这种陶方缸又分为大、小两种。大的长宽在 60 厘米左右，小的长宽在 50 厘米左右。大部分在肩上有朱书文字。小型酒缸上朱书"上尊酒"、"甘醪十石"、"稻酒十一石"、"黍酒十一石"；大型酒缸上朱书"甘醪十五石"、"黍上尊酒十五石"等。在这些陶缸上盖一方盖，缸内还发现有谷子壳一层，一般厚 3～5 厘米。这是当时米酒酿制后在缸底留有的一层酒干后的麯类遗留物。按《汉书·平当传》和颜注：汉代酒分三等，有上尊、中尊、下尊。有朱书铭文"上尊酒"、"黍上尊"和"甘醪"等酒缸所装的都是上等醇香好酒，当时都是装满后入葬的。在酒缸之下发现有朽木痕迹，大酒缸之下应有木架支撑。

在洞室的北段，遗物仍按东西两排，沿南北顺放，是属于一个大的陶器群。东面一排以彩绘鼎为主，另有陶钫、缸、彩绘柄杯等。在西壁下有成摞叠放着的彩绘陶盘、彩绘陶壶、大陶盆、盒、匜、耳杯、盖鼎、盘、卮等。在接近北侧室尽北头处，由于成套的陶器过多，只好叠起二三层放在一起，有各种灰陶壶、大缸、大瓮、盆、甑、釜、奁等。其中各种彩绘陶比较多，而且以中小件彩绘陶为主，约占北耳室陶器总数的二分之一强。采用朱、蓝、黄等颜色，在陶器表面绘出变体的云气纹、夔龙纹、齿状纹和直线纹等。内容大同小异，色彩鲜艳美观，一部分保存较好。在成摞堆放着的灰陶壶的颈部发现有朱书编号，均为相对竖行而书。例如，"一、二"，"七、八"，"十五、十六"，"十七、十八"，"二十三、二十四"，"二十七、二十八"，"二十九、三十"，"三十九、四十"，"四十七、四十八"，"四十九、五十"，"五十三、五十四"，"六十三、六十四"，"六十五、六十六"，"六十九、七十"，"七十一、七十二"，"七十五、七十六"等。在大陶壶特别是大陶瓮中发现了大量的动物骨骼。有的大瓮中储存了半瓮的鱼脊椎骨。各种鼠头颅有松鼠、社鼠、黄鼬等，至少有五种以上。此外，在北耳室最北部发现了铁熏炉和小铜勺等一部分小件金属器皿。

北耳室这个大储藏室，包括食物、酒类等器皿，共出土陶器五百多件。有一部分属于实用器，如各种陶盆、罐、瓮等；大部分彩绘陶器则为仿漆器的冥器。另外，还有石磨、铁方炉、铁熏炉。清理时发现在大酒缸底下有朽木痕迹，在最北部的陶器群下面有席纹的编织物。当时，大件陶器下面垫有木板或木架之类，而其他陶器底下则铺了一层席子，井然有序。

4．中室——储藏青铜工艺品的宝库

中室遗物非常丰富。由于地势低凹，致使地面潮湿。木炭灰、黄泥、筒板瓦和器物混在一起，给清理造成一定的困难。由于当时随葬的漆器、木器比较多，腐朽后只遗留下部分鎏金饰件，再加上瓦顶已下塌而显得空空荡荡。清理中室时首先去掉一层很厚的积瓦。这层积瓦有一部分排列得井然有序，大量的遗物被遮在瓦片之下。室中间以两条排水沟相隔，随葬品有组合地安排在各个部位。中室的中间区域是刘胜墓中珍品和生活用品集中存放之处。大量的刻铭铜器都出自中室。我们清理是从中室中区东部开始的。中区东部也是中路最前方为仪仗，出有弩机和各种鎏金饰件，有的嵌玉、玛瑙或绿松石及一些小的铜盖弓帽。这些仪仗的具体物件名称已搞不清了。仪仗之内陈放着大量的制作精美的青铜器。这些青铜器表面覆盖了一层瓦片。揭去瓦片，露出耀眼明亮的青铜器。青铜器大部是鎏金的，有的刻铭，可谓金碧辉煌，看了令人咋舌。例如，大铜盆、釜、勺、熏炉、鼎、甗、甑、罍、钟、链子壶、镬、熏炉提笼和各种铜灯等。在一些鼎、釜之类铜器中还有动物骨骼。青铜器都密密麻麻排列在一起，好像是宴会厅一样，显示刘胜生前生活的豪华奢侈。这些铜器都是汉代鎏金铜器中的瑰宝，许多过去从未发现过，其中有一部分青铜器器身上面刻有"中山内府"或记载年代、本身重量的铭文。从地下发现的大量漆片分析，原来应有大型木架。这些重器是放在漆木架上的。

在中区的中心部分，有以一个巨大的帷帐为中心的一群遗物，中室殉葬品都围绕着这个中心安排。帷帐木架早已腐朽，地面上还保存着大大小小的铜帐构件，有直方状、折叠状、合

页状等，共计大小一百零二个构件。木架从结构上包括底座、顶角、立柱、脊端、垂脊柱等。铜件上多有编号。从编号为1∶4181帷帐构件复原的情况看，这个帷帐是一平面为长方形，有四根立柱，呈五脊四阿式顶，以木柱和铜构件构成的一个相当漂亮的帷帐。在帷帐的前面发现很多朱色漆皮。从朽木、几足和器足等物证明，帷帐之前有漆案。铁剑、铜戈、银镞、铜祖、铜人、鎏金虎形器座以及一些小的帐构饰件，有的是帷帐上的附件，也有的是帐中几、案所置之物。在帷帐的近前还陈设着成排的陶女俑。在帷帐的西北角发现了一批铁工具，包括铁制刀、凿、锯、锉等物。

在中区最西端接近后室门出土的器物分两片。一片以小件的宴饮器为主，是成套的鎏金铜椭圆杯、套钵、小银盆和各种不同形式铜灯等，显然这些东西是死者生前贴身生活用品。在这组遗物北侧有一堆五铢钱。向西接近后室门前有一组小型的车马冥器模型，初步分析大概有十一辆之多。原来这些车、马都是木质的，但也做得像真车、马一样，附上各种辔饰，如衔镳、当卢。马也是木质的。这里还发现了马的牙齿，酷似儿童玩具。这就是《汉书·郊祀志》所载的"木寓车马"或"偶车马"。这种既葬真车真马又葬模型车马的情况，还见于定县三盘山122号墓。

中室北区显得空荡，而清理出土很多漆片、朽木和漆器上的银钿。这说明此处陈列最多的是漆器，由于地下潮湿未能保存下来。中室北区遗物分布可分为东西两片，东端有大铜盆、各种陶灯、大陶盆和陶俑。在东侧排水沟附近出土了一些玉饰和残漆器。北区的中部为陶盆、陶灯和俑、瓶形器、提梁罐等。北区的西端有铁刀、铁构件以及罐、釜、壶等陶器。

中室南区主要也是以一套完整的帷帐为中心。在南区的西段有一组以帷帐构件为主的器物，如底座、顶角、柱端、承插和折叠构件等。这组帷帐构件全部鎏金，共计五十七件。这个帷帐的平面为方形，四角有立柱四根，帐顶作四角攒尖式。在帷帐构件的西侧有铜釜、陶罐、铜漏壶、铜钫、铜锅等。这里还有一些漆器的附件，如铜铺首、饰件等。东段主要有小弩机、方形铁器、铁镢等。地面上分布着一些漆皮和朽木。在最西端是武器集中存放的地方，有大量的鎏金铜弩机和铜、铁镞。特别值得注意的是这里发现了医用的金针、银针和青铜三棱钻头等物。在清理这些细小物件时，考古人员一把水一把泥地从泥水中细细地检查。为了不把文物漏掉，又用小铁筛子筛选。经过这样艰苦而细心的工作，最后才把这些细小的医用金针和银针清理出来。

5. 后室——巨大的"内藏椁"

按照预定的发掘方案，先将后室封闭着的石门打开，然后从门道逐步向内清理。后室内积满厚达 60～100 厘米的草木灰和木炭颗粒。它们原本是为了防止潮湿而填塞于石室顶脊上部的。石室的顶脊塌下了三分之二，过道石顶塌下了三分之一。清除石顶板和草木灰，逐渐露出了遗物。

后室是刘胜墓中埋葬器物最为丰富的地方。大量珍贵文物都发现在后室。刘胜穿的金缕玉衣就置于后室棺椁内。就墓室整体来说，后室处于全墓的中心地位，属于内藏椁。后室又包括过道、主室和侧室（浴室）。主室表示墓主人即中山国王的寝宫。按照王宫"前朝后寝"的原则，把它放在最后。在门道的左右各立有曲阳汉白玉石雕造的石俑各一个，北者为男，南者为女，虽然被门道的石板所压倒，但保存完好，其嘴上涂的朱红还鲜艳夺目。在女俑的东侧置漆盘、漆耳杯等物。

清理主室时发现，室内大部分随葬品因室顶下塌而被砸坏或压倒。一些金碧辉煌的器物，如金、银、玉石、鎏金铜器都出在主室。其殉葬品的布置大体如下：

主室的北侧是由相对的两块巨大斜角形厚石板和一块长条石板组成的巨大的石棺床。石板以南边为准，通长 4.02 米，宽 1.86 米，厚 0.21 米。石床中空，斜夹一块长 1.35 米、宽 0.21 米的长石条。这样布置的石床主要是为了架设巨大的木椁和木棺的需要，棺椁均已腐朽，但棺椁的朽木和漆皮还大量地存在。大体可以依据它的痕迹复原出大致的尺寸。在棺椁的下面有一层防潮的白灰。从石床上发现大小鎏金铺首衔环和铜滑轮分析，石床上是一棺一椁和载运棺椁的载枢车。在石床中部为分布比较均匀的大小铜棺环各十个、鎏金银小型铺首一对。棺饰朱漆多层，非一次髹成。棺复原长 2.6 米，宽 0.8 米。小棺环安于棺盖，两排纵行，每行五枚；大棺环安于棺的四壁，左右各三枚，前后各二枚。鎏金银质小型铺首安于棺西壁上。关于椁的痕迹，在棺的范围外，发现了鎏金铜质衔环铺首十件和一件鎏金银质衔环铺首。根据地上朱漆皮及朽木分析，鎏金铜质铺首都属于椁上的，左右各三枚，前后堵头各二枚。鎏金银质铺首是椁上的。椁的尺度经过复原推测长约 3.3 米，宽约 1.6 米左右。在椁和棺的下面发现铜轮四副、铁架铜滑轮二件。这些轮子是安装于载枢车上的。这种车子分析可能就是《说文》中的"辒车"。段玉裁注"天子诸侯室用辒"，即下棺用的车。这个载枢车可能是平板车。因为棺椁较高，载枢车的轮子不能太高，否则难以进入主室。推测其尺寸，比椁要大一些，长 3.5 米，宽 1.75 米左右，比石棺床微小一些。刘胜死后用一棺一椁，石砌主室起着外椁的作用，实际等于二椁一棺。木棺施朱漆，与《后汉书·礼仪志下》的"诸侯王、公主、贵人皆樟棺、洞朱、云气画"的记载以及刘胜作为诸侯王的身份相符。惟棺上的云气纹等已朽毁。《汉旧仪》载"东园秘器作梓宫、素木，长丈三尺，崇广四尺"[5]。依据出土汉尺等材料推算，汉一尺合23厘米。皇帝"梓宫"（皇帝的棺），约长3米，宽和高0.92米。刘胜的棺和皇帝的棺相比略小。

经过对棺、樟漆皮和朽木的清理，在棺中部发现了墓主人死后身穿的"金缕玉衣"。当考古工作者第一次见到这样奇特的用金丝和闪亮的青玉片编缀而成的葬服时，不觉发出"呀"，"好呀"的惊呼，高兴得几乎要跳起来。一是对这一群考古人员来说，有的从事了几十年的考古工作，从来没有见到过如此豪华的葬服。二是仅从《史记》、《汉书》等有关记载中知道汉朝皇帝、诸侯王死后穿用金、银缕玉柙或玉匣葬服，但从来未见到过实物。有关文物报道曾提到解放前考古人员在邯郸王郎村西汉墓中出土过玉片，当时推其为《墨子·节葬篇》中记载的"含珠鳞施"。大家不约而同地说：这次重要发现必将引起国内外的震惊[6]。参加发掘工作的有关人员为发现这样的珍宝而感到自豪。

玉衣为人体形态，包括头、躯干、四肢等，很齐全。死者穿玉衣仰卧，头部枕一长方形鎏金镶玉铜枕，双手覆于下腹部，左右手各执玉璜，在生殖器上盖一圆形玉罩，肛门内塞一玉塞。在玉衣的周围发现了鎏金铜环和大小铜鎏金铺首衔环和银镶玉铺首，乃是棺樟上之物。在"玉衣"的左侧有一把长柄铁环刀，刀侧有金带钚。在玉衣的右侧有玉具铁剑二柄。在玉衣右侧的棺樟之间殉葬了大量的玉器、武器等，有玉具铜剑、铁剑、匕、刀、玉璧、圭、佩、笄、环、带钩等。这些都是死者生前随身携用之物。在石棺床的南侧东部放置铜壶、熏炉、铁暖炉、铜畚箕、各式铜灯、铁炉、漆盘、金饼、五铢钱、小铜人等。分析这里原有一小漆案，有些遗物是放在案上的。在石床东角放置铜弩机和一堆铜镞。

在主室的中部，原来放有一大漆案，漆木腐朽后只剩下一些鎏金铜案角、案足和一些饰件。在漆案的附近发现了大量的带铭文的鎏金铜器，如造型优美、金碧辉煌的蟠龙纹壶，书法流畅、别具一格的铜错金鸟篆文铜壶，嵌料的乳钉纹壶以及各式铜鼎、铜釜、铜勺、铜鸡首仗饰，还有一些残漆盘、漆尊等。在一件漆盘内，发现了一具乳猪骨架，有经过烧烤的痕迹。另有铁戟、铜剑等武器。主室的东南角有漆案铜饰件，另有铜镦和与之相配的戟、矛、铤等，说明这里原来顺墙竖放着武器。在后室的西北角放着铁铠甲、铁弓敝、银盾饰、铁锤等。在主室的南壁靠近小侧室门处还有石女俑一件和料耳环、铜勺、漆盒、玉璧等小件器物。

小侧室在主室的南壁中部。开启单扇小石门以后，发现小侧室内的面积不大。门内左右各有立石一块，形成很短小的门道。门道之内又分东西两小部分。在门道的东侧有白石跪俑一件。在侧室东部放着灯、盆、罍等铜器。东壁下原有木架之类遗物，今存木板、搓脚石等。在铜罍旁有"中山御丞"封泥一块，封泥可能是封存罍内盛酒用的。在小侧室过道的西部原也放置木类器具，已毁掉，只存一些铜、铁附件。在这里发现了举世闻名的瑰宝——国内惟一的错金银博山炉以及铜羊尊、各种器具、铜钩、铁合页等物。从小侧室发现的不同形制的铜灯、搓脚石、"医工"铭铜盆等分析，小侧室可能是墓主人生前的浴室。

6. "金缕玉衣"

一提满城汉墓，人们都会自然地想到"金缕玉衣"的发现。它像奇迹一般引人注目。只是"金缕玉衣"是用什么方法进行清理的，却鲜为人知。

刘胜的玉衣由于室顶石板下塌和棺椁的坍塌，在玉衣上面覆盖了一层腐朽的木质和漆皮。在清理后室时用竹扦、毛刷轻轻地取下漆皮和朽木板灰以后，发现了这一由金丝和玉片编缀而成的"金缕玉衣"。墓主人尸骨早已腐朽，使玉衣变成了长1.88米的玉片组成的人形扁体外壳。头部、上衣、裤筒、手套和鞋五大部分已经变形，有的连缀玉片的金丝已经折断。一面清理还要一面加固。清理时逐件编号、绘图、照像和记录，已经发现位置错了的要恢复原位，逐件把金丝和玉片加固拧紧，使其各部位不再脱松散乱。同时还就地测绘制成一张原大的图，逐件编号标明在图上，照像和记录随清理而进行。由于对正面搞的比较详细而玉衣背面因尚压在下面无法进行技术性工作，所以要取到室内再清理记录。

取金缕玉衣的方法是采用自制铁丝网和盘托出的方法。按玉衣的大小，用粗6毫米的铁丝做一长方形立体外框套在玉衣的周围，然后用细铁丝按纵横直线方向从玉衣底下来回穿过，并把细铁丝拉紧抻直，然后把细铁丝的两端拧结在粗铁丝的外框上，使细铁丝在玉衣底下形成一个方眼网，可以比较平稳地把玉衣提起来。为使玉衣不致错乱，又在玉衣的上面用几层麻纸铺好，麻纸之上灌注一层2～3厘米的石膏，使玉衣表面不致于在提取时错乱。经过这样处理之后，玉衣就变成了一个整体，可以平平稳稳地将玉衣提起来，放入事先准备好的下面垫有厚约5厘米的棉花、棉花上又铺了二层麻纸的长方形木盒内，然后再在上面铺二层麻纸，在纸上面用棉花铺好垫平，最后运到室内。整理时依次轻轻地去掉麻纸、棉花、石膏和麻纸，再把丝网罩拆解下来，按照实测的原大图把玉衣按部位分解进行修复。

"金缕玉衣"修复后（即将全部玉片和金丝加以整理和编缀），恢复了墓主人玉衣的原貌。玉衣的形状仿佛人体一样，基本按照人体各部位设计而成。玉衣采用多种不同形制的玉片，包括方形、长方形、梯形、三角形、多边形、环璧形等。脸、头、手部玉片长 1.5～3 厘米，宽 1～2 厘米；上衣、裤筒、鞋部较大，一般长 4.5 厘米，宽 3.5 厘米。玉片厚 0.2～0.35 厘米。每块玉片磨光后，边角磨出斜边，每片四角或周围穿出小孔，用金丝编缀。从头至脚，包括头套、上衣、裤筒、手套和鞋五大部分，具体由脸盖、头罩、上衣前片、上衣后片、左袖筒、右袖筒、左手套、右手套、左裤筒、右裤筒、左鞋和右鞋十二部分组成。玉衣全长 1.88 米，由二千四百九十八块玉片联缀组成，共用金丝重 1100 克。整个玉衣的制作有着比较科学的设计。首先是按人体的大小由朝廷设计出几种图样模式，绘出玉衣的原大设计图；再根据设计图进行玉片加工（选料、锯片、钻孔、抛光等）；然后用金丝按图样的不同组成部位进行编缀，织物锁边；最后套在尸身上再连结在一起，成为一件完整的套装。由于几乎全用金丝编缀，所以称为"金缕玉衣"。各部位都有开口，装殓尸体后再进行连缀，如同铠甲状。

玉衣又称"玉匣"或"玉柙（椑）"。根据《后汉书·礼仪志下》记载，皇帝的玉衣用金缕，诸侯王、列侯、贵人、公主用银缕。玉衣在后汉时期已成定制。按此记载，刘胜只能用

"银缕玉衣"，而实际"享用"的却是"金缕玉衣"。究其缘由，在《汉书》记载中只见有"玉衣"、"玉柙"，而无金、银、铜缕之分。这是由于当时还没有成为定制的结果。根据现今的工艺水平推算，西汉时期制作一件"金缕玉衣"，如用一名玉工，要用十余年的时间才能完成。

在清理和取掉玉衣上身之后，发现在玉衣之内的死者的前胸和后背放置有玉璧。各类佩带之物排列和束缚方式值得注意。在前胸和后背放置玉璧十八块，按照一定次序排列。在前胸部位放十三块，胸当中竖排三块，上面一块最大，中间次之，下面较小；两侧各排玉璧五块，大小和胸中间的相当。后背有玉璧五块，脊椎部位有三块较大，左右各放一块小玉璧。各玉璧的两面都残存有织物的痕迹。经过仔细的观察，原来各玉璧间以宽约4厘米的织物带连缀，通过璧孔盘绕。玉璧表面普遍粘贴一层织物，把前胸、后背连在一起，把死者裹在其中。在玉衣的头部有眼盖、鼻塞、耳填和口琀。除了前面的生殖器罩，后部发现玉肛门塞。在项下发现四十八颗玛瑙珠，原为佩带之物。腰部出玉带钩一件。另有刻"信"和"私信"铭文的玉印两颗。

"金缕玉衣"发现之初，由于室顶坍塌，被压成扁平状，没有成形的骨骼。当时有一部分人怀疑是否有骨骼，即原来玉衣内是否有尸体。这一问题在发掘工地没有解决。进入室内整理以后才发现，玉衣内的尸骨由于地下水和石灰岩溶解作用，骨骼早已变成灰褐色的粉末，头部之内尚发现了一部分牙齿的珐琅外壳。可以肯定，尸骨在玉衣内已经腐朽，仅留下了痕迹而已[7]。郭沫若等专家来满城视察后，给大家鼓了劲。郭老返京后立即给周恩来总理报告了满城汉墓的重要发现，建议一号墓发掘完后文物运京进行整理研究，继续发掘陵山一号墓北面的另一座墓（即窦绾墓），解决一号墓尸骨朽甚、保存不佳的问题，发掘工作由发掘一号墓的原班人马继续进行。根据郭老的报告，周恩来总理很快作了批示，同意郭老的意见，并将此情况通知了北京军区、河北省军区、三十八军、六十三军、四一七部队和河北省政府。

1968 年 8 月 2 日，一号墓发掘工作全部结束。发掘人员回各单位休整十天后，继续进行二号墓的发掘工作。

注　释

[1]《汉书·刘向传》，中华书局标点本。

[2]《汉书·霍光传》，中华书局标点本。

[3] 此墓 1968 年 5 月 23 日午夜由在当地施工的驻军发现。此后上报河北省政府并转报中央主管部门。5 月 28 日，考古工作人员郑绍宗、孙德海、张天夫、杜荣泉到保定。5 月 29 日，他们到满城陵山，同日进入墓室，并开始了保护性的清理工作。6 月 27 日，中国科学院考古研究所到满城正式参加发掘工作。

[4] 根据 1968 年 5 月 29 日的第一次勘查，我们写了一个报告给河北省政府，后转郭沫若院长和周恩来总理。郭老根据报告指出："中山内府"铭文铜镂，是西汉景帝时所立中山国内府所藏重器，而西汉时就封于中山国为诸侯王超过三十九年者只有第一代中山王刘胜一人，所以可以肯定这座墓的主人是景帝前元三年就封于中山国为王的刘胜的墓葬。

[5]《后汉书·礼仪志》刘昭注引，中华书局标点本。

[6] 这是我国考古史上第一次发现完整的"金缕玉衣"，时间是 1968 年 7 月 12 日。

[7] 满城陵山一号墓的发掘到 1968 年 7 月 12 日才发现刘胜的"金缕玉衣"。7 月 22 日，郭沫若等有关专家到满城陵山视察。

五

窦绾墓的发掘清理

　　窦绾墓是埋葬于陵山上的第二座地下宝库。此项发掘是在第一号墓发掘结束后的第十一天，即 1968 年 8 月 13 日，根据中央关于发掘二号墓的指示[1]正式开始的。

　　二号墓位于陵山跑马道北端西侧的扇形地段上。其位置基本和一号墓平行。从一号墓到二号墓墓道口北为 120 米。跑马道从二号墓墓门向北延伸 125 米到拐弯处结束。二号墓门前的一段跑马道是用墓内所出石渣垫起来的，道宽 8.5～28.5 米不等。从冲刷的断崖上可以看出墓前跑马道的断面：最下是山石斜面；中间是一层碎石渣，一般厚 1.5～2 米之间；在石渣层上又铺了一层纯黄土，厚约 1 米，形成平坦的路面；在路的外边缘用石块叠砌，并将路面夯平。

　　在一号墓北相当于陵山主峰北面的三分之一处，即山坡斜面上乱石翻动的缺口处，考古人员开掘了南北向的探沟一条，发现黄土层下面的碎石，再下仍为黄土、活石，最终露出了墓道口的南北边缘。墓道内被巨石堵塞，因此动用了现代化机械来清理。8 月 14 日下午，终于发掘出了墓门上面人工开凿的券顶口。大家信心倍增，继续向西开掘，在午后 4 时许挖出了封堵岩洞门口的卧砖。至此，二号墓的墓门全部暴露了出来，外围清理告一段落。

（一）墓室结构

二号墓结构和一号墓大同小异。一号墓墓道在接近墓门处制作得不甚完整，二号墓接近墓门处结构严谨。两座墓的墓门都是向东，都是顺陵山主峰东坡开凿。二号墓墓道前侧平面呈喇叭口形，外通道呈扇形，最宽处 19.5 米，最窄处 8.4 米。从跑马道沿水平线向西开凿到 13.2 米处，在岩石的立面上露出二号墓的墓道口，也就是墓门石洞口。其平面布局和一号墓相比大同小异，分为墓门、墓道、甬道、南北耳室、中室和后室几部分。二号墓工程艰巨，结构宏伟。就其规模和洞室的气势来说，远远超过了一号墓。根据洞室的工程量，估计其开凿时间要比一号墓长。从墓道口到中室西壁总长 49.7 米。南北耳室犹如两翼展开，最宽处 65 米。中室最高处 7.9 米。墓内容量达 3000 立方米以上（图一〇）。

在墓道口以外的喇叭口形通道上全部用石、土填实，外表看和山势一样，形成斜坡形状。斜坡长度 16.5 米，最上部铺了一层厚 1～1.5 米的黄土。黄土和山坡斜面取齐，从远处看和两边岩石层有着明显的区别。很显然中间的岩石被开凿掉以后，一部分移到两边去了，一部分凿成碎片垫到南北通道去了，而另一些巨石填塞在门外面。当墓室埋葬好以后，外面沿山坡斜面用黄土铺垫而成。在黄土层下的大型石块是从墓道外西斜面上翻下来的，主要是为了填平墓道外口，防止后人盗掘。在大石块之间又用小石块和黄土填塞。大石块最大者有直径 6 米左右的，清除时采用了炸药爆破的方法，一个一个地将它们炸碎。在大石块之下就是墓道口外通道的底部，用

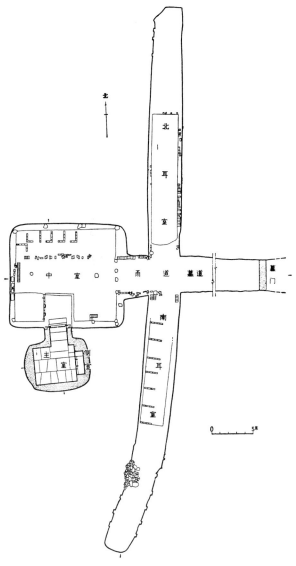

图一〇 窦绾墓（M2）墓室平面图

灰渣层垫平，厚20厘米，一直到达墓门。在墓道口外通道中部出土一些西汉时期常见的素面中型薄砖，制作得不甚规整。有的上面还有一些手抹的指印纹。此外，还出有一些残损的铁器，有铲、镢、锤、铸范及铸铁渣子等。

1. 墓道口——墓门

墓道口即墓门，也就是以山为陵的洞室墓的洞口。墓道口外通道是顺山势斜坡向西开凿的，东西呈喇叭口形，向西逐渐收缩成洞口。洞口正视呈桃形，上部呈拱形，拱顶形成伸出的一个崖头。洞口内腰部最宽处为4.2米，底部为3.3米。墓道口两壁，外部凿得很不整齐，形成犬牙交错状。到了洞口则打磨得比较光滑，封门砖处已经非常规整，壁面有明显的琢磨痕迹。在深入洞口3.5米处，用灰色长方砖错缝卧砌四十六层将洞口封闭，形成一堵墓门砖墙。墙高3.62米，墙基下为18厘米厚的黄土，再下又有炭渣层20厘米。封门砖的结构比较复杂。在封门砖上面和洞口顶部接触面的正中嵌着一块三角犁头形的铸铁。这块犁头形铸铁尖部向外，长56厘米，平面在上，三角在下。拆掉第一层厚16.5厘米的砖墙，砖墙内又有一层草泥土厚5厘米。草泥土内为第三层生铁铸的死墙，铁壁厚14厘米，露在砖墙顶部的犁头形铸铁正是铁墙壁的浇注口。在铁壁之内，又是一层厚5厘米的草泥土。第五层又是一层厚16.5厘米的砖墙。第六层为20厘米的黄土。第七层又是一层16.5厘米的砖墙（第三道砖墙）。这道砖墙由砖坯和砖构筑而成。第七层砖墙之后为墓道填土和大小石块。

关于铸铁壁的浇铸方法，在过去的考古发掘中很少见。其操作程序是在埋葬完工以后，砌第二道和门外最后一道砖墙时，二墙中间留出厚约14厘米的空隙，墙壁上都涂抹了一层厚 5 厘米的草泥土,以防止铁水流失。在砖墙的上顶,留下一个用草泥巴做的三角形浇注口,然后把外面已经熔化好的铁水顺三角形浇注口徐徐灌入,灌满为止,最后形成一道铁壁墙。在铁壁中发现有残铁块、残铁犁等,是为了加固铁壁而用的。根据清理结果,铁熔液灌浇得并不均匀,墓门上半部铁壁厚达 18 厘米,一般 16 厘米左右。铁水在渗透过程中,一部分流入砖缝形成了许多长块的凹槽铁,一般凹槽长 36 厘米,厚 6 厘米。在挖取这些铁块时,只能用钢钎、大铁锤,一块一块地往下凿。在铁壁中还夹杂着一些碎石块。

2. 墓 道

墓道在第三层砖墙之内,全长 28.7 米,前端底宽 4.15 米,高 3.5~4.95 米。整个墓道稍呈斜坡状,自东而西的墓道底部并不在一个水平线上,从墓道口到墓道西尽头高程差约 2.1 米左右。墓道内全部以黄土和大小石块回填塞满。由于年深日久,土层下陷,使得墓道的上部露出一部分空隙,高约 50 厘米左右。发掘人员就从空隙处爬过墓道进入墓室内部。墓道的回填方法是自外而内的第一段是叠砌的封门石,长 2 米,厚 2.3 米左右。第二段是下部为 1.6~1.8 米厚的黄土,上部为 50 厘米厚的石块,长达 5 米。第三段主要为石块,长 2 米左右。第四段是黄土夹石块,一直堆积到墓道的西端尽头。在长 28.7 米的墓道内,要想盗墓就是清除这些石块和黄土也是一件很困难的事。初步估计,墓道内石块大约有 600 立方米左右。在墓道内除了大小不同的石块,在接近墓门处发现许多凝固铁块。这些凝固铁块是从两砖夹墙的缝隙中流出的铁水形成的。在墓门前的黄土中夹杂着一些已经用残的铁工具,有铁铲、铁板、铁锤、铁锛、长方铁锄内范等,种类和数量都较多。另外，在墓道中还发现有残铁犁。可以想像，当时浇铸铁壁，墓前应有熔炉。有一部分用残废弃的铁工具也入炉熔化灌铸铁壁了，剩下的一部分被抛弃在墓道中。值得注意的是铁壁内还发现有铁权、方铁锭等。

墓道两壁面开凿和修整得比较平滑，顶呈拱状，有高有低。墓道底部的铺垫和外部一样，最下面是一层比较平滑的石底，石底上面铺了一层木炭石渣层，厚 20 厘米，再上是黄土层，厚 18 厘米。这层一直铺到前室即甬道部分。

3. 甬 道

通往各室的甬道，实际也起着前室的作用。平面呈长方形，东西长 6.5 米，南北宽 4.7～5.7 米，高 5.05 米。甬道南北直对南北耳室，向西通往中室，顶部为穹隆状。通往各室的拐角处开凿得比较整齐，棱角分明，开凿技术与一号墓相比细致多了。从甬道通往各室的规模、工程技术看，吸取了一号墓开凿的经验，显得规范化。甬道底部是东高西低的斜坡形。由于墓道和南北耳室经地下水的冲刷，露出了一部分石底，积水从山缝洞隙中流出，并通过甬道流往中室。原地面上铺了一层黄土层，厚 20～30 厘米。黄土层下为厚 20 厘米左右的木炭和石渣层，再下是石底。

在甬道通往中室的南北两侧砌有砖墙各一堵，长 4 米，高60 厘米左右，但砌筑方法简陋，表示从甬道和南北耳室通往中室的过道。在砖墙的西边进入中室的中路部位并排有四个石柱础；砖墙东端南北耳室的拐角处也有石柱础各一。据现状分析，就整个甬道来说没有木结构，但是，这段长 4 米的砖墙过道，可能有木结构建筑，包括石柱础、木柱梁架等，但早已毁掉。

正对甬道的南北耳室构造基本相同，都是圆拱形的很长的洞室，壁面和顶部制作得都比较规整，比一号墓洞室的开凿技术要进步得多，壁面、洞顶部开凿得光滑平整，但空间较大，都没有盛满东西。

4. 南耳室

南耳室北部宽敞，越往南深入越狭窄。到了最南端下面地势升高，洞顶下压形成北宽南窄。南耳室通长 30.25 米，洞口宽 3.8 米，北高 4.1 米，南高 1.5 米。拱顶之末作穹隆式，两壁圆弧。南耳室保存并不完好，在距南壁 9～10.5 米处，有一个顺东西横剖的很大的裂隙。这个裂缝最宽处有 1 米左右，裂隙的西部一直通到山顶，山上的雨水可顺裂隙直接流入墓室。如今裂隙下已有很大一块塌方，给墓内文物保存造成很大损失。中室瓦顶下落和遗物混乱主要是裂隙进水造成的。

南耳室的地面可以裂隙为界，分为南北两部分。裂隙以北地面平坦，洞壁平滑整齐；裂隙以南洞室往西南偏，而空间也缩小，壁面粗糙，加工不细。值得注意的是在东西两壁下各有方形柱础窝五个，柱础窝间距 1.2～1.7 米间，长 30 厘米，宽 20 厘米左右。这些柱础窝应是开凿洞窟时搭脚手架用的。

在裂隙以北，即洞的北半部，在长 15.6 米、宽 2.8 米的地面上为存放器物之处。整个底部平整地铺了一层 10～20 厘米厚的黄土床。黄土层下铺了一层木炭、石渣层，再下为石底。西边的地面上以砖砌隔墙分为六部分，其东筑有器物台，器物台上的黄土经过夯打。在器物台的东西两壁下有排水沟，东壁下留有过道。七段砖砌短墙表示存放器物的六个隔子（或称房间），存放着不同的陶器等物。每段砖墙间距 1.9～2.15 米，东西向，各长 1.14 米。砖均错缝平铺纵砌，共计十三层，高 85 厘米。在砖墙表面抹一层厚 2 厘米的草泥土。

5. 北耳室

北耳室的构造和南耳室基本相同，但不在一个水平线上。全长 29.05 米，宽 3.9 米，高 4.1 米，是一个长长的拱形洞室。惟顶部略平，壁面和顶部琢磨得都很整齐平滑，在室北端尽头顶部为穹隆式。顶部也有一道东西裂隙，山水从裂隙中流入墓室，所以北耳室内的车马均残坏。除了两个马骨架可以看出原形，其余马骨架、狗骨、车迹都散乱了。

北耳室洞底也分为南北两部分。南半部是存放车马的黄土床——即器物台，长 15.35 米，宽 3 米。台东西各有一条南北向、宽 40 厘米的排水沟。沟边用砖平铺一层，以防水土流失。室的北半部，壁面开凿和修整得不太整齐，地面铺的黄土、木炭、石渣层也少，且多流失，露出石底。室北端尽头西壁一角有方形搭脚手架的础窝三个，每个长 30～48 厘米、宽 10～20 厘米，两窝间距 0.7～1.5 米。北耳室虽然面积很大，但遗物放置只占全洞室面积的三分之二左右。这种情况和南耳室的情况相同，说明开凿洞室时还有相当的经济力量，但洞室开好以后，经济力量有了很大变化，中山国财力不支，所以空有很大的洞室，而殉葬器物却不多。

6. 中 室

中室的构造和一号墓中室基本相似，面积大小也差不多，但空间比较高些，开凿得平整光滑。从甬道西端向西、南、北三个方向推进，形成一个平面为圆角长方形、东西长 14 米、南北宽 12.2 米、高 7.9 米的洞室。洞四壁开凿得整齐光滑，四角也比较规整。整个壁面大抵在 3 米以上向内收缩，四角也逐渐消失，到达正顶形成一个巨大的穹隆顶。值得注意的是，中室四壁上没有发现长方形凿窝（即搭脚手架的长方槽窝）。中室地面最下是石底。石底之上铺了一层碎石块和木炭灰，厚30～40厘米。碎石层之上铺了一层厚约2厘米的木炭渣层。在木炭渣层之上铺了一层厚30～40厘米的黄土，黄土经过夯实，圆夯窝在10厘米左右，土质坚硬平坦。在黄土层之上为一层厚约20厘米的灰色淤积土，一部分遗物杂陷在淤土之中。在淤土之上为一层排列井然有序的大瓦。

在中室的四周，也有排水沟设施。围绕夯土地面长12.2米、宽10.5米的周边，沟宽50～60厘米，深约50厘米。夯土地面又分为南、北、中三区。其间有宽30厘米、深15厘米的排水沟和周边的排水沟相通。在北、中区之间，铺砌长方砖一层。三个区的面积，南区长8.1米、宽2.2米，中区长12米、宽4.3米，北区长12米、宽3.2米。

在中室南壁接近后室（主室）门前，发现一圆形渗水井，直径1.15米，深1.92米。在中室北壁偏西也发现一圆形渗水井，直径1.48米，深2.10米。其底部均作圆形。两个渗水井都直通排水沟，井上原来铺有木板，已朽[2]。

中室原建有巨大的梁架和瓦顶建筑，后因梁架腐朽倒塌，地面上只保存叠落的大瓦、中瓦和分布均匀的柱础石了。在中室四壁下的排水沟内，发现放置有规律的柱础石九块，按对应位置尚且不全。其中东南角二块、东北、西北、西南角各一块，南壁沟内一块，北壁沟内两块，西壁沟内一块。在中区夯土面上有柱洞两个。两柱洞相距7.6米，直径34～45厘米，洞内填白灰渣。这些础石和柱洞共计十一个，表明了它们是支撑梁架的主柱所在的位置。如果加上过道上东面的两块和西面一排四块础石，共计是十五块柱石、两个柱洞。根据这些柱洞

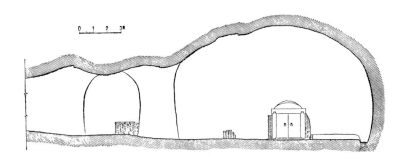

图一一 窦绾墓（M2）中室纵剖面图（向南视）

分布和柱础石数量，可以看出还缺一部分柱洞。其复原应是中室四角各一柱，南、北二壁中间各二柱，两壁中间一柱，东壁过道东面左右各一柱，西面四柱，中区中部有两根大立柱以支撑中脊。这些柱子上面支撑着巨大的梁架（图一一）。

在中室普遍地发现了一层大瓦片，有一部分还很完整。其分布特点是南北两区土床上的瓦片比较有规律，特别是南面的瓦片可以清楚地看到的是一层压一层地叠落在一起，仰放着。其分布规律是从中室的中间部位往西边分布，靠中脊的瓦压在上面，而位于南北两坡的瓦都叠压在下面。据此分析，瓦片是从上面落下来的。中室的大瓦长47厘米，宽27~32厘米，厚1.5厘米。瓦阳面印弦纹和斜绳纹，阴面有斜方格或素面无纹饰。

根据发掘记录可以看出，中室乃是一具有梁架结构的巨大的单脊式木椁。在甬道和中室之间有一座木门，从门往西沿围柱的分布设有木椁壁，中部的三区也有木板相隔，代表各个储藏室。在各区还有砖结构的器物台。

在北区西部有六组器物台。它们是在黄土床上用卧砖平铺纵砌短墙分隔而成。砖缝和外皮有一层草泥土，在草泥土外又抹了一层厚0.5厘米的白灰。这些器物台的短墙自东而西，第一至三组呈"L"形，长135厘米，宽85厘米，高70厘米。第四组为一直墙，长135厘米，高70厘米。第五组"L"形，长102厘米，宽90厘米，高75厘米。第六组长140厘米，宽125厘米，高75厘米。六组器物台上并没有发现随葬品，可以看作是象征性的仓廪。在中区西北有一器物台短墙，已经倒塌。在南区的东部由两排砖共九层砌成一组器物台，长88厘米，宽64厘米，高60厘米。在南区西南角的地面上用黄土筑一方形器物台，东西长38厘米，南北宽35厘米，高40厘米。台东侧包砖一层，对缝平铺纵砖四层。土台经过夯实，上置随葬品。在器物台东北角，有一排水沟，东延3.5米又南行和南壁下排水沟相通。南壁正中为后室门。

7. 后　室

后室开凿于中室的南侧，其方位和一号墓不同，但平面布局却是接近的，包括门道、主室和侧室三部分。整个墓室是在凿好的岩洞之内用石板构件砌筑而成。

后室是在中室南壁中部向南开凿的一座适宜建筑后室的岩洞。根据岩洞的大小，预制后室的石板，进行了有计划的安装。石板安装好以后，在石室与洞壁之间有一定的距离，从70～180厘米不等，在间距空隙处砌筑了33～66厘米厚的砖墙。墙外又填塞满黄土和砖块。

（1）石门和门道。最前面为石门，由两扇门扉、门框、门楣和门限组成。门高 2.02 米，宽 2.38 米。左右门扉上各嵌一铜衔环铺首，门向里开。左扉宽 90 厘米，右扉宽 91 厘米，高 1.69 米，厚 6 厘米。门楣和门限上下相对，门限下压一长条形石板，外接一斜坡状石板，形成门阶。二号墓的顶门器和一号墓不同处是安置在两门扉合缝的顶端，在这里有一长 13 厘米、宽 3.2 厘米的凹槽，槽内置一船形铜质顶门器，器顶的"横卡"伸出器身两端各 1.2 厘米，跨于门顶过道石上。顶门器本身通长 14.8 厘米，高 8.4 厘米，厚 3 厘米。利用顶门器一头宽而重、一头窄而轻以及呈楔形的特点，当门关闭时，两门扉将顶门器徐徐托进凹槽之内；待两扉闭严，顶门器下落，从门缝处将两门卡死，形成暗栓，无法再打开。

门扉之内为一门道，左右侧用石板砌筑，上部为石板封顶。门道通长 2.14 米，宽 1.72 米，高 1.77 米。

（2）主室。主室平面呈长方形，东西长 4.9 米，南北宽 4.44 米。顶为单脊两坡式，檐高 2.2 米，顶高 2.9 米。四壁和顶部用各种不同形制的长条形石板砌筑而成，东西山墙和南北两壁用立式石板，顶部两坡与南北壁有简单榫口相接，构成人字形室顶。现在后室顶部已经塌落。

（3）侧室。门开于主室东壁。单扇门上嵌有铜衔环铺首。门高 1.88 米，宽 80 厘米，厚 5 厘米。门内左右各立石板一块，表示过道。室内为长方形，长 2.59 米，宽 93 厘米，高 1.86 米。

主室和侧室的石板缝中发现有曲首铁钉，是为了加固石板而用的。石板缝间发现有黑漆，这是为了防潮而涂抹的。

（二）墓内遗物分布概况

窦绾墓的结构宏伟，但所殉葬的遗物数量相对较少。不过，墓中珍品堪称举世无双。与一号墓相比，不但反映了王、后二人的地位、等级的不同，而且与汉中山国国势的微妙变化也有着密切的关系。刘胜和窦绾死的时间不同，大约相差十年。窦绾洞室营造规模超过刘胜墓，其营造技术水平也相当高超，但是殉葬遗物却不如刘胜墓丰富。其中有一部分为小件冥器、漆器，大件青铜器少，木器很多（但已腐朽）。最初进入墓室考察，只觉空间很大，空空荡荡。

墓室遗物的分布，和一号墓基本相同，主要放置在南北耳室、中室和后室内。在墓门和墓道发现了开凿墓室用的十九件铁工具。

1. 南耳室——庖厨和酒房

南耳室主要放置各种陶器，从室中间分为东西两部分。西面为六个砖砌隔墙，形成六个器物台。自北而南，首先在西壁下放有一堆马骨；第一个器物台，未放器物；第二个器物台放四排有序的陶壶；第三台为陶壶和方缸；第四台为三个方陶缸和铁暖炉；第五台为大量陶器堆放在一起，有叠摞的大陶盆、陶壶，上面摞着陶罐、釜和彩绘盒、卮等；第六台陶器数量大，存放也比较杂乱，有彩绘盆、甑、器盖、小陶壶和彩绘盒、罐、鼎、匜、耳杯等，另外还有一些漆器的银钿。在东壁下，北面为成组的陶壶，南面是一大排陶方缸。在第一、二隔墙内还发现有禽类（鸡）的骨骼。在一些陶壶里面也发现了鸡骨。在十七个陶缸中，有十四个陶缸的肩上有朱书文字，如

"稻酒十一石"、"黍酒十一石"等。因为缸的体积相同,所以容量也都一致。

2. 北耳室——车马房

北耳室是一个车马房,其作用和一号墓南耳室相同。有长15.35 米、宽 3.5 米的黄土夯筑的器物台。所有的车马自南而北全部放在器物台上,有四辆车、十三匹马,可分为三区。

第一区有一辆车、四匹马。马杀死后放于车箱之南。马辔饰皆放于诸马之南,包括一个当卢、四副马衔和车衡饰、节约、络饰等。在车箱位置,铜车舌基本保持原位,舆箱位置存漆皮。挡车石和五十四个盖弓帽,分布为半圆形。在车箱的后部有二狗骨架、二陶盆,可能是狗食盆。

第二区有四匹马、一辆车。辕向南,马饰及衡饰集中放在车箱相邻的两处,车上各种饰件、车器都按原位存放着,有朱漆舆箱。车箱下也有一狗骨。

第三区保存着两辆车子的痕迹,一大车一小车,大马四匹拉大车,一匹小马是拉小车用的。大车的衡饰、马辔饰、车器都散乱在车箱附近。车箱前有一铜弩机、一束箭。大、小车舆箱附近都有黑色漆皮,漆皮上有菱形纹图案。小车在大车之后,附近有狗骨架和四个狗当卢、三副狗衔。

3. 中室遗物

中室梁架垮掉,屋顶上的大量瓦片压在木架结构的残迹、漆木器和殉葬遗物上。瓦片下面的木质纤维应是木架结构的梁和柱子,器物下的木质纤维板灰痕迹应是放置器物的台架、漆器家具腐烂以后的遗留物。特别是漆木器腐朽后,器表的一层朱色、黑色、赭褐色漆皮以及金属构件、饰件都保存了下来。在漆皮中还发现有夹纻胎和木胎。

中室的随葬器物多为冥器，以铜器最多，其次为铁器、漆器、银器、货币、金饼、骨器、玉器和陶器等。遗物集中在南部、中部，北部和甬道部分较少。器物少的地方多木质纤维、板灰、漆皮等，说明原来这些空荡之处都有漆器之类的随葬品。现按三区分别叙述：

南区遗物自东而西可分为三组。第一组在南区的东部。这里发现了大量漆木器的痕迹，面积约占南区的三分之一。这些漆木器的痕迹和这里出土的青铜器有密切的关系。朱色漆皮和木质纤维发现于青铜器之下，而瓦片则压在青铜器之上。第一组的西面一部分发现有小件青铜冥器和实用铜器。它们集中在一起，有的叠摞在一块。在铜器的底下有朱色漆皮、丝织品和木板纤维痕迹，一些丝织品粘在铜器的表面。可以肯定这些铜器原来放在漆木之类的台架上，当瓦顶下落时，它们被砸到地面上。青铜实用品有带柄釜、铜盘、勺、盆、盘等。在有柄釜的下面扣着一堆像玩具一样的小铜器，如朱雀衔环杯、小铜牛、小铜马、小铜人，造型生动。另外，在漆片之上发现了错金铁尺、铜骰子和四个鎏金小铜豹。铜豹底下嵌小透孔铜片和木质相连，应是木器上的高级工艺附属饰件。在带柄釜的南面发现一部分青铜冥器，是模仿实用炊器的模型，体小如玩具，非实用品，有炉、鼎、壶、钫、扁壶、匝、熏炉、耳杯、碗等。显然这些东西是从台架上落于地上的。这里还发现了小的器物盖、铜帽扣器等。值得注意的是，这里分布着许多宫中行乐钱。这些铜钱分布的特点是，一般两枚钱粘贴在一起为多，其中有一个必是号码。这种压胜钱比一般五铢钱为大，正面为编号或吉祥语，背素无纹，制造得很规整，约有三十余种。在压胜钱的周围发现封泥四块，其中可以清晰辨认的有"中山祠祀"四字。在压胜钱下有板灰、朱漆皮和丝带类织品。推测压胜钱、小青铜器、丝织品等是装在一个漆箱里，然后用封泥封起来的。在中室东南角发现了朱色漆皮和木板灰，其中有玉璧、骑兽人执博山炉、铜盘、兽首方銎铜饰，在四周分布着一大堆五铢钱。在接近水沟的南边发现了二十九枚圆形金饼。这一部分遗物原放于漆木箱内，下面有木架或几案支撑。

第二组在南区正中，即主室门的台阶之上。原来可能设置一个木器家具——漆木架，现已腐朽，只存木条，有"H"形铁钉、木柱铜帽、铜甑等物。

第三组在南区西部，有一方形黄土夯筑器物台。台面上有横竖放置的木条、板灰痕迹，有铜器和残漆器。台子西南有二赭褐色漆盘、朱雀铜钮漆奁、朱雀铜灯、铜柄灯、铜盆、熏炉等。值得注意的是，在台中有东西并列的残木条和铁钉等，应是器物架腐朽的痕迹。原木架上可能有一漆案，鎏金银铜包角。案上有银边耳环、银钼盘、漆奁等。

中室的中区和北区原有许多木器家具，今腐朽不存。在中区的西尽头，出圆漆盒、铁锯条、铜釜。在北区的西端出陶钵、陶碗等。

4. 后室遗物——窦绾的玉匣、葬服和"长信宫"灯

后室（即主室）内发现了王后窦绾穿用的"金缕玉衣"和汉朝宫廷瑰宝"长信宫"灯等。室内器物的分布已非原位。由于室顶石板的下落、洞内渗水的冲刷和地震等原因，漆木器已经腐朽，比较重要的铜、银、玉、陶、石器等已离开了原位。

在后室石门道内放有铁镢数件，另有漆器数件已经腐朽。室西南角为装殓身穿玉匣葬服的墓主人尸体的镶玉漆棺。棺东西向，头西脚东。棺的遗迹上堆满了从木棺上落下来的玉片和

玉璧。在石室过道门西边放着一件头身原为一体、现已游离原位的"长信宫"灯。这件稀世珍宝闪着金光。宫灯之西有一大玉璧，前方有一铜铜和铜勺。在室的中部放有两尊铜壶，较南的一尊无提梁链，较北的一尊有提梁链。两壶之间有半两钱。主室原有许多漆器，现已大部分腐朽，大约有三四种。在铜铜南有三足漆奁和漆盒。在一件漆盒之内放着一面铜镜、一枚"窦绾"铜印。在中室偏中处有一片红褐色带漆木板痕，长宽约 1.2 米左右。其上和西南各有两个铜合页，估计原为箱类器物。在"长信宫"灯南面散见铜案足和案栏铜饰各四件，原为一案之物。

在后室东侧有一小侧室，象征浴室。室内放着一大堆陶器和少量铜器，主要堆放在室内东部。在正对门的墙壁上靠一铜鉴，鉴南有一铜盆，西南是一陶壶。近门处北侧有二铜灯、一铁灯。在侧室北部放着陶壶群，另有铜铜、铜盆、陶罐和漆盒上面的银钮及附件等。

(三)镶玉漆棺、"金缕玉衣"和棺内贴身随葬品

二号墓后室的清理比一号墓耗费的时间要多一些。这是因为二号墓中不但有窦绾的"金缕玉衣"，还有装殓玉衣的镶玉漆棺。清理时要对棺上镶嵌的不同形状的玉片——作记录，同时在棺揭取以后还要清理玉衣。当时仍是按照清理刘胜玉衣的方法进行的。不过，窦绾玉衣除了用金丝编缀，还有用丝织品粘贴的部分，清理起来就需更细心。玉衣清理完毕，这座墓的清理工作也就接近尾声了。

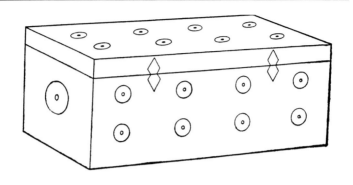

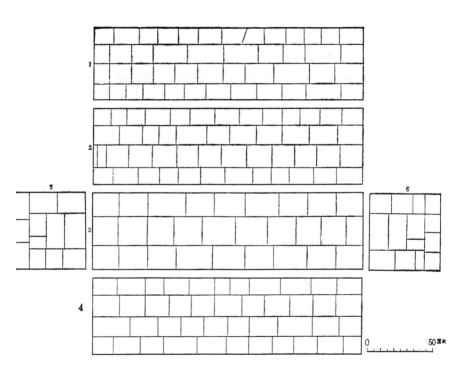

图一二　窦绾墓（M2）镶玉漆棺复原图（上．外观透视图；下．内壁展开图）

1. 镶玉漆棺

此墓有棺无椁。这点与一号墓不同，可能后室的石室就代替椁了。棺木原髹棕色漆，棺体坍毁，但棺体上镶嵌的大量多种形状的青色或灰色的玉片、玉璧、玉圭等还都保存着，看起来好像杂乱无章，而实际的排列井然有序。有些玉璧叠压在玉片上，说明大量的圆形玉璧是嵌在棺之上面或外侧立面，而方形玉是在棺里面。据发现时分析，棺长方形如箱状，其尺寸约长 2.1 米，宽 65 厘米，高 1.2 米以上。经过室内整修复原知道，此棺是在长方形的漆棺之内满壁嵌玉，在漆棺之表面镶圆形玉璧，是一具非常讲究而华丽的镶玉漆棺。这种棺椁形制在已发掘过的西汉贵族墓中从未发现过（图一二）。

棺内壁由一百九十二块玉片镶嵌而成。玉片表面平整光洁，大多为长方形，少许正方形或梯形。棺的左、右侧壁和底部玉片残存天干和数码编号。棺可分为棺盖、左侧壁、右侧壁、前端、后端和棺底六部分。棺盖玉片四十六块，右侧壁四十三块，左侧壁四十九块，前端十二块，后端十四块，棺底二十八块。其镶嵌方法是先在棺内壁涂抹 0.2～0.4 厘米厚的灰泥，然后玉片按编号顺序贴上，在棺底上铺了一层席子。棺外壁镶嵌二十六块玉璧。其分布是棺盖、右外壁、左外壁各八块，前端、后端各一块。棺盖左右两壁口部各嵌圭形玉饰四块，即所谓"小腰"（《释名·释丧制》）。玉璧是在髹漆木棺外刻挖环形凹槽，深约 1 厘米，槽内放灰泥，将其嵌入凹槽内。棺表经过多次髹漆。

棺内除了玉衣、玉璧、铜枕，腿部放环首带鞘小刀一束三十九件、研石一套、漆奁一件。漆奁内放铜镜一面，下有铁刀；漆奁外有"肖形小印"十八件，纽部以丝线穿连。

2．窦绾的"金缕玉衣"

窦绾和刘胜一样，死后也身穿"金缕玉衣"。窦绾玉衣的保存情况要比刘胜玉衣更好。由于窦绾的玉衣是女式的，所以形体比较瘦小，上衣有织物纹。玉衣包括头部、上衣、裤筒、手套和鞋五大部分。玉衣全长 1.72 米，由二千一百六十块玉片组成，所用金丝重约 700 克。腹下部有一圭形玉片，是覆盖女性生殖器用的。玉衣结构除了上衣前后片，其他部分与刘胜玉衣结构基本相同。其头部由脸盖和头罩所组成。脸盖长22.5 厘米，用玉片一百三十八片；头罩长 26 厘米，用玉片一百九十八片。上衣由前片、后片和左、右袖筒所组成。前片长74 厘米，宽44～63 厘米，用一百六十五块玉片组成。玉片原粘贴在裁剪好的麻布衣片上，然后用宽约 0.6 厘米细薄黄色丝织物顺对角线作交叉形式粘贴在衣片上，玉片四周也用织物粘贴。整个衣片用织物粘贴包边，下缘一道织物作朱红色，最后使玉片编成一个上衣前片的整片。后片长 62 厘米，宽 44 厘米，由八十块玉片组成，结构和上衣前片相同。左、右袖筒长65 厘米，袖口直径 7.5 厘米。左袖筒用二百六十八片，右袖筒用二百七十片。左右裤筒皆长 66.5 厘米、口端径 21～8.5厘米，都各用三百四十片。手套分左、右手，长 16 厘米，宽10 厘米，左手套用七十九片，右手套用七十八片。鞋左右各长 28 厘米，宽 9.5 厘米，鞋帮高 15.5 厘米，由一百零二块玉片组成。玉衣用织物锁边法和铁条锁边法编织而成。

玉衣头部下枕一鎏金镶玉铜枕。枕中空，内有花椒。枕下和玉衣下有席状织物。头部有眼盖、耳填、鼻塞各一对和口琀一件。胸部有水晶珠、玛瑙珠、玉蝉、小玉瓶、玉舞人等串饰。腰部有小玉带钩和水晶印各一件。骨盆附近有玉圭形饰和肛门塞。右手握一璜形饰，左手除璜形饰外有小铜镜一面。

玉衣之内有玉璧十五块：前胸置十一块，分三排，当中三块为大形，而上面最大，两旁各二为小型；后背四块，上下排成一行。玉璧背面有织物丝带粘贴的痕迹，正面丝带用斜线交叉式粘贴，然后通过璧孔缠绕四五道，彼此联结牢固。另外，在胸前玉璧及四周有红色织物条带痕迹，原来应系在排好的玉璧四周，粘贴成一个方框形图案，中间又贴一道红色织物，沿尸体腰部缠绕一周。这种葬式在过去也没有发现过。在玉衣内发现有死者的脊骨、肋骨和盆骨以及牙齿的珐琅外壳等，为仰身直肢葬式。

注　释

[1] 刘胜墓（M1）于 1968 年 8 月 2 日发掘结束后，大家休息了十天。8 月 12 日发掘一号墓的工作人员又都回到满城。8 月 13 日传达了中央关于发掘二号墓的指示。当日下午在驻军的协助下开始了二号墓的发掘清理工作。8 月 25 日打开墓道封门。9 月 17 日二号墓发掘全部结束。

[2] 发掘当时，由于工作疏忽，未仔细寻找，以致把两座渗井漏掉。1990 年满城汉墓准备对外开放展示，满城县文物部门对二号墓底进行清理时才发现。

六　刘胜、窦绾墓出土珍贵

文物的研究

中山靖王刘胜夫妇墓内出土的珍贵文物，无论在数量上、质量上、豪华程度上都达到登峰造极的地步，可以说是把一个西汉诸侯王生前宫廷生活起居御用的器物，大至车马、帷帐、炊房酒器，小到后宫器物珍玩如宫中行乐钱、骰子，都搬到墓中来了。从宫内的生活起居到驱车张弓射猎、斗鸡走狗无一不在墓中反映出来，特别是王、后殉葬物的不同又是宫内不同生活图景的再现。大量金、银、铜、玉、彩绘陶器，更是集西汉时期工艺美术之大成，堪称当时科学技术发展的结晶。对于这些文物的深入研究，对继承和发扬祖国优秀文化遗产，增强民族自尊心，启发今人的自豪感，有着重要的作用。据统计，刘胜墓（M1）出土文物五千五百零九件、窦绾墓（M2）出土文物五千一百二十四件，两墓总计出土文物一万零六百三十三件。

（一）青铜器及铭文

在刘胜和窦绾墓内出土了大量精美的青铜器。这些青铜器的数量之多、种类之广、工艺水平之高都是前所未见的。两墓共出土铜器一百零四种、六百零七件。

刘胜墓出土的青铜器有壶、锺、链子壶、钫、罍、鼎、瓻、釜、镬、销、盆、椭圆形杯、套钵、勺、匕、熏炉、灯

（锭）、漏壶、畚箕、铃、枕、镜、带钩、剑、匕首、戈、弩机、镞刀、鸠首杖、仪仗饰、杵形器、器具铜构、器足、虎形器座、铜人、铜祖以及各种饰件等，共六十四种、四百一十九件。此外，还有成套的铜帐构件和大量车马器。以质地和工艺造型而论，不少器物采用优质金、铜原料，器物造型优美、精琢细雕，纹饰精巧，富丽堂皇，可谓集汉代工艺之大成。其中包括鎏金银，错金银，镶嵌玛瑙、玉石、绿松石、琉璃等装饰工艺。这些铜器绚丽夺目，光彩照人。有些器物刻有名称、高度、重量、容量、产地、制作或购入年月等，对于研究器物的定名、度量衡制度、冶炼业的发展都具有科学的参考价值。在制作技术上包括了模铸、捶镰胎工艺。

窦绾墓出土的青铜器有提梁壶、壶、钫、鼎、瓿、釜、锅、盆、盘、钵、匝、耳杯、勺、炉、熏炉、"长信宫"灯、枕、镜、朱雀衔环杯、豹、小扁壶、剑、弩机、镞、仪仗顶饰、镦、铜箍、蘑菇顶筒形器、猿钩、器盖、钩、合页、帽钉、"宫中行乐"钱、骰子、铜印、小铜人、骑马小铜人、小铜牛等四十类，共计一百八十八件。其中有一些极为珍贵和精美的器物，如"长信宫"灯、朱雀衔环杯和错金银铜豹等。镶嵌金银的器物反映了宫廷中后妃生活的一些片断。

1. 金碧辉煌的酒器和炊饮器

随葬的青铜器中，首先是豪华的酒器占了很大的比重。其次是宫廷御用之物如帷帐、文玩和精巧细小的器物。再就是鎏金银车马器、武器等。特别是大量"中山内府"铭的青铜器，直接反映了墓主人的身世、铸器年代、重量等，是研究中山国历史的重要资料。

现在按照不同种类和形制，择其重要器物介绍如下：

鎏金银宽带乳钉纹铜壶（1：5019），造型华丽精美，口、足上段饰鎏金银宽带纹，肩、腹和圈足下段饰鎏银宽带纹，在颈、腹宽带纹间作鎏金斜方格纹，交叉点镶嵌银乳钉，方格纹中填嵌绿琉璃，琉璃上划出小方格圆点。铺首鎏金，盖上的方格纹、银乳钉嵌琉璃与壶身同，上列嵌琉璃的卷云银钮三，壶盖子口上刻"甄氏"二字。器底刻"甄氏，大官，五斗五升，今长乐饮官"，"大官"即"太官"，属少府，主膳食。"长乐饮官"即"长乐食官"。《汉书·百官公卿表》载奉常和詹事下均设食官。詹事"掌皇后太子家"，长乐食官即掌太后长乐宫的食官。这说明该壶曾是太后长乐宫之物。据分析可能是窦太后赐与中山靖王刘胜的。圈足内壁刻有铭文。这件壶通高45厘米，口径14.2厘米，腹径38.9厘米，圈足径17.9厘米，盖高9.3厘米，实测重量11.205公斤，容量为11.15升（图一三）。

蟠龙纹铜壶（1：5014），通体用鎏金银工艺装饰。口、足饰鎏银卷云纹。颈部为金银相交三角纹带饰，腹部为四条独首双身的金龙蟠绕上下，龙间缀金色卷云纹、带纹。盖上饰三条鎏金夔凤，周作鎏金宽带纹、卷云纹，金银相间，绚丽夺目。壶内壁髹漆一层。壶底刻铭文"楚大官，槽，容一石□，并重二钧八斤十两，第一"。此壶原是主膳食的"太官"盛酒（糟）的。原系楚元王刘交宫内之物。景帝前元三年（公元前154年），刘交孙戊参与"七国之乱"败死，家中财产被朝廷抄收，后转给刘胜使用。壶通高59.5厘米，口径20.2厘米，腹径37厘米，圈足径22.6厘米，盖高14.1厘米，实测重量为16.25公斤（图一四）。

鸟篆文铜壶二件（1：5015，1：5018），造型极为精致美观，

图一三　乳钉纹铜壶（1：5019）　图一四　蟠龙纹铜壶（1：5014）

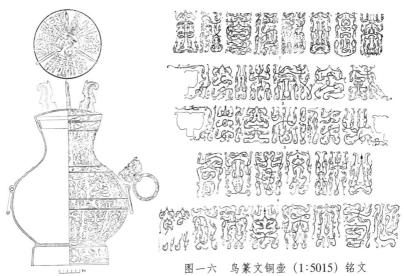

图一六　鸟篆文铜壶（1：5015）铭文

（1.颈铭；2、3.上腹部铭；4、5.下腹部铭）

图一五　鸟篆文铜壶（1：5015）

而且庄重典雅。两壶风格基本相同，周身用纤细的金银丝错出鸟篆文吉祥语。以1:5015壶为例，壶盖中心饰一蟠龙，周立三个卷云形钮。其间有鸟篆文十二字："有言三，甫金鲦，为荃盖、错书之。"盖钮上错云纹。壶的口、肩、腹部凸起宽带纹各一周，带上错出怪兽和云雷纹图案。壶身分为三段，错鸟篆文三周。颈铭："盖圜四娶，仪尊成壶"；上腹部铭："盛兄盛味，於心佳都，擅於"；下腹部铭："口味，充闰血肤，延寿却病，万年有余。"圈足、腹间各错出动物纹带。通高44.2厘米，口径15.5厘米，腹径28.5厘米（图一五、一六）。第二件壶（1:5018）蟠龙盖钮间错"鋆墅盖"三字，腹部错龙虎相斗图案。上腹部铭文同1:5015；下腹部铭文为"口味，充闰血肤，延寿却病"，较前壶省略几字。通高40厘米，口径15.5厘米，腹径28.5厘米。两壶的鸟篆文和图案皆以金、银双线勾勒，金线为主，精巧细致，美观端庄，是汉代错金银艺术成就高度发展的结晶。铭文为吉祥语，祝愿统治者长生不死，益寿延年。

"中山内府"铜锺（1:4108），口外侈，鼓腹，圈足，无盖，上腹有铺首衔环一对。肩部宽带上刻铭文四行："中山内府锺一，容十斗，重（缺文），卅六年，工充国造。"高45.3厘米，口径18厘米，腹径34.5厘米，圈足径19.5厘米，实测容量18.86升。

链子铜壶（1:4109），形似橄榄，小直口，平底矮圈足，最大腹径在器身中段，盖面和肩部各有环钮四个，盖面钮上系短链，肩部钮上系长链。长链由六十四至六十七个小环组成，长链穿过盖上短链后系于一个大吊环上，可使壶盖紧扣不脱，能背能带，是旅行用的酒器。通高30.6厘米，口径9.4厘米，

图一七 蟠螭蕉叶纹提梁铜壶 (2:4028)

腹径 17.1 厘米，圈足径 8.5 厘米，长链 48～48.5 厘米。

蟠螭蕉叶纹提梁铜壶（2：4028），长颈，圆腹，平底，圈足，肩两侧各有铺首衔环，环上系链索，索从壶盖两侧大环穿过，上部形成兽衔环提梁，盖顶饰四叶纹、卷云纹，颈为蕉叶卷云纹，腹部饰蟠螭纹带。通高 29.8 厘米，口径 7.6 厘米，腹径 15.7 厘米，圈足径 10.3 厘米，提梁长 21.5 厘米（图一七）。

蕉叶纹铜壶（2：4029），口侈，短颈，鼓腹，圈足，肩侧有铺首衔环各一，颈饰蕉叶纹一周，腹部以下有三条花纹带，由连续三角纹和卷云纹组成。壶高 29.9 厘米，口径 10 厘米，腹径 20.8 厘米，圈足径 13.7 厘米。

在窦绾墓内还出土了几件用于冥器的小铜壶模型。

"中山内府"钫二件，皆有铭文。器身方形，小口，腹外鼓，高圈足，上腹有铺首衔环一对，颈部刻铭。一件（1：4326）铭文："中山内府铜钫一，容四斗，重十五斤八两，第一，卅四年，中郎柳市洛阳。"高 36 厘米，方口边长 11 厘米，腹宽 20.8 厘米，足边长 13 厘米，实测容量 7.15 升，重量 3.75 公斤。另一件（1：4327）铭文："中山内府铜钫一，容四斗，重十五斤十两，第十一，卅四年，中郎柳市洛阳。"其重量大小都与上件相近，高 36 厘米，口边长 11 厘米，腹宽 20.1 厘米，方圈足边长 12.5 厘米，实测容量为 6.82 升，重量 3.79 公斤。

铜罍在刘胜墓出土了四件。小口，宽唇，外平折，短颈，鼓腹，上腹部有铺首衔环一对，高 34.8～35.7 厘米。其中一件（1：5178），高 36.5 厘米，口径 16.2 厘米，腹径 34.2 厘米，圈足径 14.5 厘米。

刘胜夫妇墓中出了一些铜鼎，其中窦绾墓中所出几件为鼎的冥器模型。刘胜墓中出土铜鼎一种有盖，一种无盖。有盖鼎（1∶4102），子口微敛，圜底，三熊足，熊蹲立，形象生动，腹侧有长方形耳，上有圆轴贯于小兽之臂部，小兽可翻转，用以固定鼎盖，鼎盖似复盘。鼎通高 18.1 厘米，口径 17.3 厘米，腹径 20 厘米，盖高 4.7 厘米。另一鼎（1∶4101）的形状与上一件相近，但为兽蹄足，鼎腹两侧有"马里梁氏"、"合□"铭。通高 17.5 厘米，口径 17.2 厘米，腹径 19.6 厘米。

甑（1∶4104），捶镖胎，由釜、甑、盆构成。釜为直口，大圆腹，小平底。釜中部分为上下两节，上如覆钵，下似折沿盆，其间用铜钉铆合，肩模铸铺首衔环一对。肩刻铭文："御铜金雍甑一，容十斗，盆备，卅七年十月，赵献。"甑为敞口，小平底，口、内壁鎏金，口沿下鎏金带上刻有铭文："御铜金雍甑甑一具，盆备，卅七年十月，赵献。"盆为敞口，外折沿，小平底。在口沿下鎏金带上有镌刻和墨书铭文各一处，内容相同，铭曰"御铜金雍甑盆，容十斗，卅七年三月，赵献"。墨书纪年漫漶不清。釜高 31.2 厘米，腹径 37.5 厘米，底径 13.5 厘米。甑高 18.9 厘米，口径 37 厘米，足径 16.7 厘米。盆高 16.2 厘米，口径 36.8 厘米，底径 13.8 厘米。釜、甑通高 48.2 厘米。在窦绾墓中出土小甑三件，皆为冥器。

釜，刘胜墓出土十件，窦绾墓出土五件，有模铸和捶镖胎两类。窦绾墓中出土的有一部分为模型冥器。

"中山内府"铜镀（1∶4110）是一件金碧辉煌的制品。镀敞口，颈微敛，鼓腹，假圈足，腹部有铺首衔环一对。口沿上有铭文一行二十三字："中山内府铜镀，容十斗，重卅一斤，卅九年九月己酉，工丙造。"高 22.5 厘米，口径 41 厘米，腹径 37.3 厘米，底径 14 厘米，实测容量为 18.57 升，重量 11.2 公斤。这件铜镳造于中山靖王刘胜三十九年，是时间最早的一件，也是判断此墓为中山王刘胜墓的有力证据。

铟，《说文》释为小盆。两墓共出四件，形制也相同。敞口，沿微外卷，鼓腹，矮圈足，腹部有铺首衔环一对，颈部刻铭文。1∶4328 的铭文二十五字："中山内府铜盆，容二斗，重六斤六两，第六，卅四年，中郎柳买洛阳。"高 11.2 厘米，口径 25.2 厘米，底径 13.6 厘米，实测容量 4.07 升，重量 1.47 公斤。1∶4098 的铭文二十五字："中山内府铜盆，容三斗，重七斤四两，第二，卅四年，中郎柳买洛阳。"高 12.5 厘米，实测容量 5.38 升，重量为 1.7 公斤。2∶4106 的铭文三十三字："中山内府铜铟一，容三斗，重七斤五两，第卅五，卅四年四月，郎中定市河东，贾八百卅。"实际容量 5.54 升，重量 1.68 公斤。高 12.5 厘米，口径 27.8 厘米，足径 14.6 厘米。2∶4034 有铭文三十一字："中山内府铜铟一，容三斗，重七斤十三两，第五十九，卅四年四月，郎中定市河东。"实测容量 5.54 升，重 1.84 公斤。高 12.8 厘米，口径长 27.8 厘米，足径 14.4 厘米。刘胜墓两件铜铟为"郎中柳"购于洛阳。窦绾墓两件铜铟为"郎中定"购于河东（今山西夏县）。

铜盆，两墓共出十五件，包括捶镖胎和模铸两种。窦绾墓中出土了一部分模型冥器。

常浴铜盆，二件，捶镖胎，敞口，浅腹，腹里鎏金，铺首衔环模铸铆于盆上。1∶4013 的腹壁刻铭文："常浴，容廿一斗，重廿九斤。"口径 66 厘米，高 19.5 厘米。实测容量 41.82 升，重 6.5 公斤。1∶4020 的铭文曰："常浴，受卢奴，容十五斗五升，重十九斤十二两。"这件浴盆为中山国首府卢奴所造，高 13.5 厘米，口径 64.2 厘米。

套钵，九件为一组。1∶4180（三件）、1∶4275～1∶4279、1∶4402 为椭圆，侈口，一侧有流状柄，由大而小套叠为一体，结构很科学，长径 10.7～12.8 厘米，高 2.7～3.4 厘米。

鎏金铜勺，两墓出各式铜勺八件。一般勺身圆形，有流状长柄，饰鎏金或朱漆，长短不一。铜勺（1∶4364）通长 21.5 厘米，口径 8 厘米。

椭圆形杯，五件为一套，风格相同，大小逐渐递增。杯呈椭圆形，敞口，弧腹，平底，一端附一环耳。杯口沿和底边鎏金，四道鎏金竖带均分器身为四格，或作十字交叉，或作两带对角勾连，格中饰鎏金凤鸟衔尾图案，雷纹地，底饰方格纹图案。1∶4282 的口径 5.2～8.3 厘米，底径 2.8～5.6 厘米，高 2.8 厘米，容量 0.652 升。1∶4286 的口径 18.2～25.9 厘米，底径 8.2～16.2 厘米，高 9 厘米，容量 1.8 升。

2. 熏炉和灯具

熏炉，共计八件，为两墓中出土的精品，包括各种造型和多种形制。

错金博山炉（1∶5182）是刘胜墓中出土的精巧绝伦的一件工艺品。炉身豆形，作子口，盖似博山。炉身、盘、座分别铸成后用铁钉铆合。通体错金纹饰，粗细得当，细者犹如发丝。炉座错卷云纹。座柄透雕三龙出水，头拱托炉盘。炉盘有错金流云纹。炉盖造型别致，铸出重峦叠障、高低起伏、巍峨峻峭的群山。炉盖因山形变化起伏，错金纹线条流畅，构图造诣极深。神兽虎豹奔跑于山峦之间，猴子踞于山峰或骑在兽身上，猎人持弓狩猎或追逐野猪，山间小树三三两两点缀其间。它所描绘的是自然山景和生动的狩猎场面，人物、山石、野兽错金

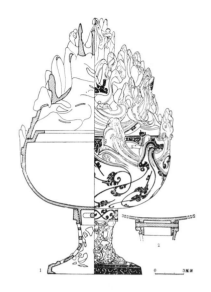

图一八　铜错金博山炉
（1∶5182）

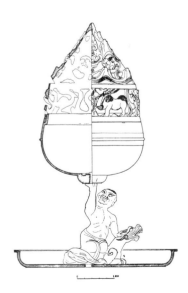

图一九　骑兽人物博山
铜熏炉（2∶3004）

勾勒，渲染了整个画面，使山峦静中有动，生机盎然，是大自然奇丽景色的再现。这与《西京杂记》中"作九层博山炉，镂为奇禽怪兽，穷诸灵异，皆自然运动"的记载相同，是汉代工匠高度技巧和智慧的结晶。错金博山炉是我国独一无二的瑰宝。炉身通高26厘米，腹径15.5厘米，圈足径9.7厘米（图一八）。

骑兽人物博山熏炉（2:3004），由炉身、炉盖和底座三部分组成。整个炉身精雕细刻，造型优美。底座为浅腹，平底。盘中有一上身裸露、下着短裤的骑兽力士，左手撑于兽颈，右手擎托炉身，雄健有力。卧兽张口欲噬，作挣扎状。炉身子母口，鼓腹，底一小圆座和力士右手铆接在一起。炉壁饰宽带纹，流云图案。云山间有人兽相斗、虎噬羊、虎熊出没、人驱牛车等。下层铸出龙、虎、朱雀、骆驼以及草木、云气纹，形象生动逼真。通高32.3厘米，盖高13厘米，盖径13.1厘米，炉口径12.1厘米，底盘径22.3厘米（图一九）。

鼎形熏炉（1:4097），是一件形体较大而造型精巧别致的熏炉。其形状为鼎，下有承盘。鼎身敛口，鼓腹，平底，中铸一圆形漏灰孔，周有长方小孔，足为立兽踏朱雀状。环钮盖，盖面圆孔十二。承盘圆形，盘壁开一缺口以清除烟灰。焚香时，香烟袅袅上升，灰烬落入盘内，可随时清除，十分科学和卫生，是一件构思新颖、讲究科学和实用的精品。通高28.5厘米，口径26厘米，盘径30厘米。

三足熏炉（1:5090），分炉身和承盘两部分。敞口，鼓腹，炉身镂三角形孔。承盘敞口，下腹微收，蹄足，盘底中心作出圆柱插头伸入喇叭口形炉座承托炉身。通高12.4厘米，炉身口径9.9厘米，承盘口径21厘米。

提笼熏炉（1:5003），成套器物，熏炉置于提笼之中。炉作浅盘形，盘上有半圆形镂菱形孔盖。盘壁伸出一长錾，对应部位为连接盖和炉盘的活钮。炉下平底，三蹄足。提笼为圆形，直口，深腹，平底上一提梁。器壁由三节菱格纹的捶镍铜圈铆合而成。熏炉通高 18.4 厘米，口径 15.9 厘米，长 11.8 厘米。提笼高 26.6 厘米，口径和底径均 30.5 厘米。

豆形熏炉（2:3109），通体鎏金。盖面为弧形，盖顶有一柿蒂座环钮，周围透雕卷曲的盘龙三条，龙首尾相接。炉身子母口，鼓腹，细柄，平底，腹周饰宽带纹。通高 9.5 厘米，口径 7.4 厘米，腹径 5.6 厘米。

铜灯（锭），两墓共出各式铜灯二十件，包括多种形式，有羊尊灯、长信宫灯、当户灯、带錾灯等。

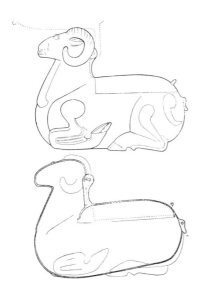

图二○ 铜羊尊灯（1:5181）

羊尊灯（1：5181），灯作卧羊式，昂首，双角卷曲，短尾。背部和身躯分铸，羊脖后有一活钮，臀上按一小提钮，可将背部翻开作为椭圆形仰式灯盘。一端有一小流嘴，置灯捻用。腹中空，用以储油。出土时腹腔内留有油脂成分，经化验确定为油脂燃料。灯通高18.6厘米，长23厘米，灯盘长15.6厘米（图二〇）。

"长信宫"灯（2：3044），因灯上刻有"长信"字样故名。灯外作宫女跪坐持灯状，体内中空，无底，通体鎏金。全器由头部、身躯、右臂、灯座、灯盘和灯罩六部分铸造组合而成，通高48厘米。宫女梳髻，发上覆巾（即巾帼）。上身平直，双膝着地，跣足。其右臂高举，袖口形成灯之顶部，肘部可以拆卸，整个右臂起烟道作用。左臂伸向右方，紧握灯座底部的圆形座柄。内衣广袖，外着长袍，束带。灯盘可以转动。两片屏板嵌于灯盘凹槽之内。盘心蜡扦一个。盘侧一方銎外伸，用以安装木柄。在灯座、灯盘、灯罩屏板和宫女右臂及衣角等处刻有铭文九处，共计六十五字（图二一）。

上部灯座底部周边刻"长信尚浴，容一升少半升，重六斤，百八十九，今内者卧"。外侧刻"阳信家"。灯盘实测容量为265毫升，重量1235克。上部灯座实测重量262克。

下部灯座外侧面刻"阳信家，并重二钧十二斤，七年，第一"。实测总重量15782。此处铭文所刻重量当为灯的总重量。灯罩屏板外片刻铭文两行：一为"阳信家"，另为"并重二斤二两"。灯罩屏板内片左侧刻"阳信家"，右侧刻"并二斤二两"。此外，两片屏板的总重量经过实测为490克。灯盘外侧及宫女右臂外侧分别刻"阳信家"。宫女右下衣角刻"今内者卧"。

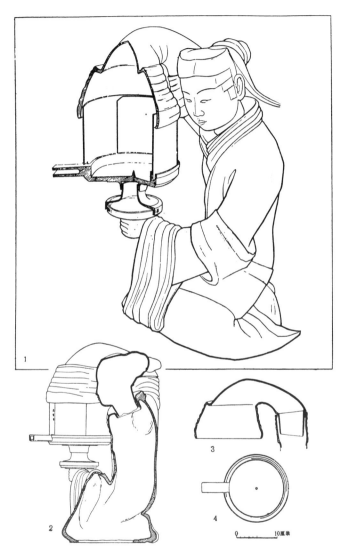

图二一 "长信宫"铜灯(2∶3044)(1.灯;2.剖视;3.右臂剖视;4.灯盘俯视)

"长信宫"灯上的这些铭文，并非一次完成。"阳信家"较工整，"长信尚浴……今内者卧"则嫌潦草，证明灯曾几经辗转，最后落在窦绾手中。灯上刻"阳信家"六处，应是此灯的最初所有者刻。《史记·惠景间侯者年表》，《汉书·高惠高后文功臣表》均载有"阳信夷侯刘揭"世系。"阳信家"乃阳信夷侯刘揭之家，始封于汉文帝前元元年（公元前179年），封侯十四年而亡。其子中意嗣，封侯十四年，于景帝前元六年（公元前151年）"有罪国除"。铭文中的"七年"，有可能是文帝七年，亦即刘揭七年。因此"长信宫"灯的制作时间上限为公元前173年，下限也有可能是其子中意七年，即公元前159年。

铭文中"长信尚浴"、"今内者卧"，是该灯被没入长信宫后所加刻的。长信宫为皇太后所居。汉文帝的皇后窦氏是刘胜的祖母，景帝时为皇太后，很有权势。据推测，此灯是在阳信夷侯国除以后，没入少府的"内者"（宦者），归长信宫尚浴府使用。根据汉代封建贵族婚姻要门第相当的理由，再加上"长信宫"灯又出于窦绾墓，故推测窦绾可能是窦太后娘家的人。这件铜灯有可能是窦太后送给窦绾使用的，或是作为陪嫁品而送的，窦绾死后随葬于墓中。

"长信宫"灯，以宫女身躯为主体，造型十分精美，是一件艺术价值很高的作品。在设计上采用分段铸造，各部达到有机结合。宫女的头部、灯盘、臂部可活动。特别是灯盘上装一长柄，灯罩分片，开合自如，可以调节光照度的大小，还可以在宫女身躯不动的情况下使灯盘朝向需要照射的不同方位，和今天的台灯很相似。另外，为了保持室内清洁，灯火的烟炱可以通过宫女右臂进入体内，使烟炱附于体腔，达到排烟尘、防污染的目的。在两千多年前，这种科学的设计和运用应是一个

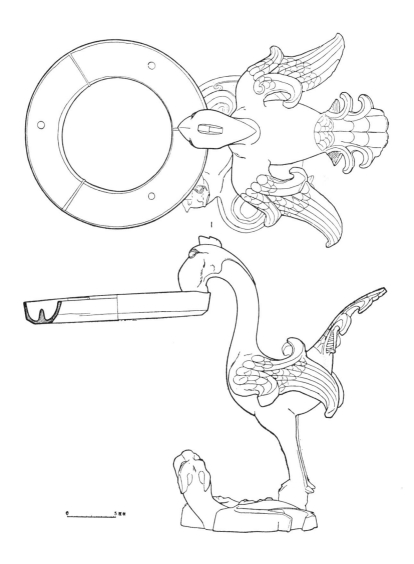

图二二 铜朱雀灯 (2:3102)

很大的进步。这件铜灯是我国考古史上的一次重要发现，也是一件重要的历史文物，堪称罕见的艺术珍品。它通体鎏金，金碧辉煌，充分反映了汉代匠人的高超智慧和精湛纯熟的工艺水平。

炉形灯（1∶5177），由三足空心炉、灯盘、灯罩、灯盖、烟道等部分组成。炉体呈扁球形，蹄足肩部伸出一管状烟筒道，炉内有一层水垢。炉盘作圈足盘形，盘壁两重，用以插置灯罩屏板。外壁平伸一叶形长銎，用来调节照明方向。灯盖如覆钵，置于灯照屏板上面。在盖顶上伸出管形烟道，下通到炉内，用以保持室内清洁。三足炉通高 33 厘米，腹径 15.6 厘米，灯盘径 12.2 厘米。

朱雀灯（2∶3102），主体为昂首翘尾的朱雀，足踏盘龙，嘴衔灯盘，作展翅欲飞状。双翅和尾部刻出纤细的羽毛。灯盘有凹槽，内分三格，每格各有烛扦一根。灯的造型优美，巧妙地利用了灯盘和昂首盘龙座二者力量的均衡，看来和谐美观，平稳大方。通高 30 厘米，盘径 19 厘米（图二二）。

承盘灯（1∶5064），由灯、承盘、小勺配套组成。此灯敞口，直壁，浅腹，三蹄足。器壁一侧有小嘴，作子口。有盖，盖上一环钮，掀开可以注油。另一侧壁下作管状流。嘴流间伸出一长銎。灯上有盘形卧盖，口侧出菱形銎。灯通高 7 厘米，灯身径 9.6 厘米，盖高 1.8 厘米，底径 8.1 厘米。承盘敞口，平折沿，小平底，高 2.4 厘米，口径 18.6 厘米，底径 7.7 厘米。小勺平底，有流，长柄，口径 6.6 厘米，底径 3.9 厘米，高 2.7 厘米，柄长 7.1 厘米。

当户锭（1∶4112），作铜人俑托灯状。铜人俑半跪，左手按于左膝上，右手上举，支托灯盘。灯盘直壁平底，中心有烛

扞。盘、俑分铸，俑右臂用铜钉铆合。盘壁刻铭"御当户锭
一，第然于"。通高 12 厘米，盘径 8.5 厘米，盘高 1.6 厘米。
"当户"乃匈奴官名。据《史记·匈奴列传》记载："然至冒顿
而匈奴最强大……其世传国官号乃可得而记云。置左右贤王，
左右谷蠡王，左右大将，左右大都尉，左右大当户，左右骨都
侯。"此铜俑着短衣，直襟，左袒，衣后束成长尾状曳于地，
手有臂褠，脚穿长靴，属当时胡服。铸匈奴官吏形象跪擎铜
灯，反映了当时汉朝统治者和匈奴之间的矛盾。

除上述铜锭外，还有拈锭、卮锭、豆形灯、盘灯等，多刻
有铭文，记述器物高度、容量和重量。这为研究两汉时期度量
衡制度提供了宝贵的资料。为便于大家了解，除已介绍者外，
现把各铜锭的铭文记录如下：

拈锭（1:4274）一套，具有铜灯和承盘二器。灯为蹄足，
一鋬。灯壁有铭文四行十四字："御铜拈锭一，承盘俩，中山
内府，第鶸。"承盘敞口，浅腹，小平底，在口沿上有铭文四
行十字："铜锭盘一，中山内府，第鶸。"鶸与鹞同，即鶹鹞
鸟。通高 5.9 厘米。灯高 4.5 厘米，口径 11.8 厘米。盘高
2.5 厘米，口径 22.2 厘米，底径 8 厘米。

卮锭，二件，似酒器如杯。腹中部饰宽带纹。盖似覆盘。
杯、盖（灯盘）均有铭文。1:5086 杯铭："御铜卮锭一，中山
府，第鸨。"盖铭："卮锭、第鸨。"1:5087 杯铭："御铜卮锭
一，中山内府，第鸿。"盖铭："卮锭，第鸿。"卮为饮酒器，
以锭形似卮故名。"鸨"即鸨鶔。《玉篇》云："鸨鶔，即布谷
也。""鸿"即古鸿字，大鸟也。《汉书·司马相如传》引《上
林赋》中"鸿鶔鸨鶔"。张辑注"鸿，大鸟也"；师古曰"鸿，
古鸿字"。可见卮锭以鸟编号。1:5087 通高 10.6 厘米，径 7.1

厘米，盖高1.7厘米。1∶5086大小同前件。

豆形灯分两种。一种灯盘敞口，直壁，平底，喇叭口形足，细座柄。灯上多有铭文。1∶4114铭文为"柈（林）林明堂铜锭，重三斤八两，高八寸，卅四年，锺官造，第二"。1∶4116、1∶4118的铭文与之相同，惟编号分别为第七、第十。1∶4115铭文为"柈林明堂铜锭，重三斤，高八寸，卅九年，锺官造"。1∶4113铭文为"中山宦者常浴铜锭，重三斤十二两，卅二年，第廿五，卢奴造"。《玉篇·木部》中提到"林，同椒"，"柈、林"可能是椒字。据《汉书·百官公卿表》记载，锺官属水衡都尉，宦者属少府。1∶4115高18.4厘米，盘口径12.5厘米，底座径9.9厘米。其余大小相近。实测结果1∶4114重0.75公斤，高18厘米；1∶4116重0.875公斤，高18厘米；1∶4118重0.85公斤，高18厘米；1∶4115重0.73公斤，高18.4厘米。

另有豆形灯二件，形与上类近，惟形高大、柄细长。1∶5011座柄中腰饰宽带凸弦纹一道。盘中心有烛扦。两件都有铭文。1∶4120刻铭文于灯盘外壁："中山宦者常浴铜锭，重八斤十二两，卅二年，第"，第字下缺文。1∶5011座上刻铭文"长沙七斤"，以下残缺。1∶4120高34.2厘米，盘口径17.6厘米，底座径15.5厘米，实测重2.11公斤。

灯（1∶4117），在豆形灯下置有底盘，盘侧平伸一叶形鋬，盘中置烛扦，底盘敞口、折沿、大平底。座柄上段有凸弦纹一周，中腰为倒葫芦形。灯盘外壁刻铭文"御铜槃锭一，第田鹈"。"田"和"鹈"二字双声通假，"田鹈"即"鹈鹕"。盘灯高11.4厘米，灯盘径9.5厘米，底盘口径14.4厘米。此灯与卮锭皆以鸟名编次第。

根据刘胜墓中出土的十八件铜器中刻有记载器物高度、容量和重量的情况，一一进行了实测。容量用小米量测，个别器物又加用小米重量换算法来求，取其平均值为所得结果。

关于高度的实测情况：

用四件铜锭（1∶4114、1∶4115、1∶4116、1∶4118）刻铭高度和实测高度换算，求得汉一尺合今 22.5～23 厘米，平均数为 22.62 厘米。

关于容量的实测情况：

用八件铜器包括乳钉纹壶、锺、钫、镤、铞、盆等（1∶5019、1∶4108、1∶4326、1∶4327、1∶4110、1∶4098、1∶4328、1∶4013）的铭刻容量和实测容量（毫升）来换算，汉一升合今毫升数为 170.5～203.5 毫升，平均数为 188.29 毫升。

关于重量的实测情况：

用乳钉纹壶、蟠龙纹壶、钫、镤、铞、盆、锭等十三件青铜器（1∶5019、1∶5014、1∶4326、1∶4327、1∶4110、1∶4098、1∶4328、1∶4013、1∶4114、1∶4115、1∶4116、1∶4118、1∶4120）刻铭重量和实测重量（克）来换算，汉一斤为今 217.6～279.552 克，平均数为 243.43 克。汉一两为今 13.4～17.472 克，平均数为 15.214 克。

现将器物的高度、容量、重量实测列表于后，以供参考。

表一　高度实测表

器　号	器　名	铭刻高度	实测高度（厘米）	一尺合厘米数
1∶4114	椒林明堂铜锭	八寸	18	22.5
1∶4115	椒林明堂铜锭	八寸	18.4	23
1∶4116	椒林明堂铜锭	八寸	18	22.5
1∶4118	椒林明堂铜锭	八寸	18	22.5
平均数				22.62

表二 容量实测表

器 号	器 名	铭刻容量	实测容量（毫升）	一升合毫升数
1：5019	乳钉纹壶	五斗五升	11150	200.9
1：4108	铜锺	十 斗	18860	188.6
1：4326	铜钫	四 斗	7150	179
1：4327	铜钫	四 斗	6820	170.5
1：4110	铜镂	十 斗	18570	185.7
1：4098	铜锅	三 斗	5380	179
1：4328	铜锅	二 斗	4070	203.5
1：4013	常浴盆	廿 一 斗	41820.4	199.14
平均数				188.29

表三 重量实测表

器 号	器 名	铭刻重量	实测重量（克）	一斤合克数	一两合克数
1：5019	乳钉纹壶	四十斤一两八朱六□	11205*	279.552	17.472
1：5014	蟠龙纹壶	二钧八斤十两	16250	236.8	14.8
1：4326	铜钫	十五斤八两	3750	241.92	15.12
1：4327	铜钫	十五斤十两	3790	242.56	15.16
1：4110	铜镂	四十一斤	11200	273.168	17.073
1：4098	铜锅	七斤四两	1700	234.48	14.655
1：4328	铜锅	六斤六两	1470	230.56	14.41
1：4013	常浴盆	廿九斤	6500	224.14	14.01
1：4114	椒林明堂铜锭	三斤八两	750	217.6	13.4
1：4115	椒林明堂铜锭	三斤	730	243.728	15.208
1：4116	椒林明堂铜锭	三斤八两	875	250	15.625
1：4118	椒林明堂铜锭	三斤八两	850	248.56	15.535
1：4120	中山宦者常浴铜锭	八斤十二两	2110	240.97	15.061
平均数				243.43	15.214

* 此件器物外表的镶嵌装饰原有剥落，经修复，可能对重量的数值略有影响。

上述所得的数据，大体代表了刘胜卒年即武帝元鼎四年（公元前 113 年）以前度量衡的使用情况。参照过去研究和发表的有关西汉度量衡的数据，这些实测结果是基本准确的。如万国鼎《秦汉度量衡亩考》中汉一尺为 23.1 厘米，一升为 199.7 毫升，一斤为 240 克（《农业遗产研究集刊》第二册，1958 年）。刘复校验王莽嘉量，算得汉一尺为 23.088 厘米，一升为 200.63 毫升，一斤为 226.66 克。另外，还有许多出土材料和刘胜墓中所出铜器的实测及校验的数字都比较接近。如窦绾墓出土的错金铁尺（2：3065），经中国科学计量研究院实测，长 23.2 厘米，应该是最为标准的长度尺了。

3. 嵌玉铜枕、酒令用具、印章、封泥和文玩器物

鎏金龙首嵌玉长方铜枕，刘胜、窦绾墓各一件，出土时均发现于玉衣头罩之下，恰在死者尸体颈项下部。

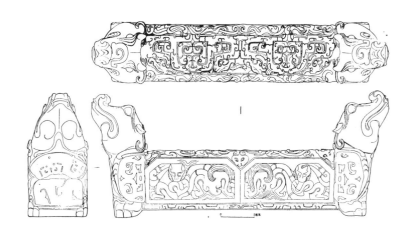

图二三　铜枕（1：5188）

刘胜铜枕（1:5188），枕身为长方形。两端铸出高昂的龙首，四矮足作龙爪形，鎏金。枕面两侧为浅浮雕的双兽，修身簪尾，边饰流云图案。枕面和枕的两侧壁镶玉，枕面为云纹，侧面为怪兽纹。两端龙首嵌各种透雕玉饰。枕底有四个方形孔，上嵌玉四块。此枕造型精致，装饰华丽，是一件价值很高的工艺品。在铜枕的内部有花椒。枕通长44.1厘米，高17.6厘米，宽8.1厘米（图二三）。

窦绾铜枕（2:4003），也是鎏金嵌玉，但艺术造型远比不上前件。枕为长方形，中空，横剖面作梯形，两端为昂首的双角兽，枕面镶嵌长方形刻涡纹和蒲纹的玉饰二块，两侧嵌刻兽面和蒲纹的玉饰各一块，两端各嵌一梯形玉饰，兽首后部和前额皆嵌玉饰。出土时上面裹有丝织品痕迹。枕内有花椒。枕长41厘米，高20.2厘米，宽11.1～11.8厘米。

朱雀衔环杯（2:3032），是一件造型精美、形象生动的艺术珍品。器形为朱雀衔环蠹立于两高足杯之间的兽背上，通体错金，镶嵌绿松石。朱雀展翅欲飞，喙部衔一可以转动的玉环，颈、腹镶嵌绿松石。兽匍匐，昂首张口，四足踏在高足杯底座之上。杯形如豆，喇叭形座。杯内外饰错金柿蒂纹，座饰错金卷云纹。每一高足杯外表嵌绿松石十三颗。出土时高足杯内尚有朱红色痕迹，推测可能是放置化妆品用的。通高11.2厘米，宽9.5厘米（图二四）。

铜豹（2:3056），窦绾墓内出四件，形体大小相同。豹作蜷卧状，昂首张口，长尾。器物为平底，豹身用金银错出梅花状斑纹，头、足、尾部作点状纹。上部涂朱，二目镶嵌白玛瑙。豹体内灌铅，使其稳重。此类物品可能是某种器物的附件或书镇，高3.5厘米，长5.9厘米（图二五）。

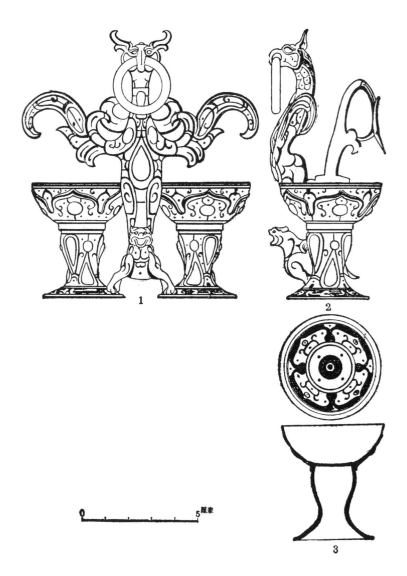

图二四　铜朱雀衔环杯（2:3032）（1.正视；2.侧视；3.剖视及俯视）

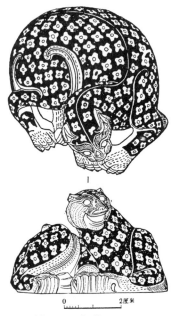

图二五 铜豹 (2:3056)

铜镜，两墓共出四件。刘胜墓出一件，1:5224 为草叶纹镜，圆钮，四叶座，方栏间布列铭文十六字："长贵富，乐毋事，日有憙，常得所喜，宜酒食。"栏外为四乳草叶纹，外周为连弧。径 20.7 厘米，边厚 0.7 厘米。窦绾墓内出土了四乳兽纹镜 (2:4129)、蟠螭纹规矩镜 (2:4114)、连弧纹镜 (2:4010) 等。

酒令用具，在窦绾墓的中室发现了一些铜鎏金或错金银的酒令用具，生动地反映了后宫生活的一些片段。其中有宫中行乐钱，共四十枚。方孔无廓，正面铸篆体阳文，背面平。正面直径 3.3 厘米。其中二十枚分别铸"第一"至"第廿"字样（缺第三，但有两枚第十九）。另二十枚铸韵语一首，二十句，每钱一句，每句三字或四字，编号和韵脚文义相配合。韵语如下："第一，圣主佐；第二，得佳士；第三，常毋苛；第四，骄次己；第五，府库实；第六，五谷成；第七，金钱地（疑读为施）；第八，珠玉行；第九，贵富寿；第十，寿毋病；第十一，万民番（蕃）；第十二，天下安；第十三，起行酒；第十四，乐无忧；第十五，饮酒歌；第十六，饮其加；第十七，自饮止；第十八，乐乃始；第十九，田田妻鄙；第二十，寿夫王母。"这首成套的韵语宣扬金钱、富贵、行酒作乐。其"乐乃始"谓奏乐开始，反映了封建统治阶级的奢侈生活。铜骰（2：3064）与宫中行乐钱同出，可见二者可能是配合使用的。骰子通体错金银，十八面，分别错出篆书或隶书"一"至"十六"以及"酒来"和"骄"字。"一、三、七、十、骄、酒来"六面为嵌金地错银一周，另十二面为嵌银地错银一周。空隙处错三角卷云纹，中心嵌玛瑙和绿松石。骰子直径2.2厘米。在这样小的体积上刻出如此多的字体以及错金银花纹，没有手艺高超的工匠是难以完成的（图二六）。这件骰子和宫中行乐钱是一套酒令用具。

在窦绾墓中除了她本人的铜印，还出土了一些生肖印、刻字印以及一些小的大概是宫廷玩具的动物模型。各种印章共出十九件。

窦绾铜印（2：4058），是墓主人的私章。铜铸，方形，侧面有长方形穿带孔，所以又叫穿带印。印分正背两面，皆铸篆体阴文。一面作"窦绾"，另一面作"窦君须"，由此可知墓主人姓名为"窦绾"，字"君须"。印长宽各2厘米，厚0.8厘米。此印是确定墓主人是窦太后娘家人的重要依据。按照封建礼仪中的辈分分析，窦绾应该与刘胜同辈。文帝皇后窦氏是刘胜

图二六 铜骰（2∶3064）

图二七 铜印（2∶4058）

的祖母，景帝时为皇太后，所以郭沫若先生曾经说"窦绾有可能是窦太后的侄孙女，但这是推测，不能强加于死人"（图二七）。

人物生肖印共计十八枚。

长方印一枚（2：4017），体扁平，鼻钮，印面作浮雕人物劳动场面。分上下两组。上组三人，作执杵舂米和簸米状，下组三人作烹饪状。长2.6厘米，宽2.1厘米。

龟钮印三件，无钮者十四件。其中十一件，有乐舞、人物、行者、龙、鸟、兽等图案。其余六件篆刻阴文，"信印"三件，"同讙"一件，"同驩"二件。"讙"、"驩"与"欢"同，即"同欢"之意。可见这些小的生肖印，也是一种宫内文玩之物。

此外，窦绾墓还有小铜人一件、骑马小铜人四件、小铜牛一件。另外，比较重要的是刘胜墓出土的三件小铜人，一件立姿（1：5089），两件坐姿。坐姿铜人形象，头戴圆帽，高髻，身披错金锦纹衣，袒胸露腹。1：4168盘腿而坐，双手置于腿上，高7.7厘米。1：4169为跪坐，右手上举，左手置于腿上，高7.8厘米。两件坐姿铜人面部表情滑稽可笑，似为"说书"人，可能是倡优人的形象。

还有一些小件青铜器，如铜盒、畚箕、盏、瓶、铃、花形悬猴钩、带钩、小刀、鸠杖首、鸡首仪仗、仪仗顶饰、器具构件、合页、各种器足、虎形器座、圆盘形器座、鹿形饰、各种铜饰、铜环、铜祖等。

因封泥与印有联系，故列入本节。

封泥，两墓共发现五件。刘胜墓一件（1：5180），方形，暗红色，文为"中山御丞"，微残。"御丞"为"御府丞"之略。御府系少府属官，置令、丞，是掌管珍贵物品之官。现存封泥长 2.3 厘米，宽 2 厘米。窦绾墓四件，皆残。其中2∶3018方形，横剖面中间有细孔。封泥上的文字为阳文"中山祠祀"。长 2.7 厘米，宽 2.6 厘米，厚 1 厘米。"祠祀"是"太常"（九卿之一，主管宗庙礼仪）的属官。武帝太初元年改"祠祀"为"庙祠"。这是推断窦绾墓年代的重要依据。

（二）豪华精美的玉石器

豪华美观、雕镂精细的玉石器，在刘胜、窦绾墓出土的文物中占了很大的比重。据统计，除了金缕玉衣，刘胜墓出土玉石器八十四件，窦绾墓出土九十四件。一大部分玉器是发现在玉衣之内和棺椁之间。从刘胜墓中的玉石器分析，其质地包括玉、玛瑙、水晶、花岗岩、大理石等。玉器有璧、环、圭、璜、笄、带钩、佩、九窍塞、小玉人、印章、玉饰等共七十八件。玉分白玉、青玉、碧玉三种。白玉质细光洁无瑕，呈半透明状，共四十二件，约占玉器总数的 53.8%；青玉质粗，大多因水侵蚀形成斑痕，共三十件，占玉器总数的 38.5%；碧玉六件，占 7.7%。玉器表面特别是玉璧大多雕镂精细的谷纹、涡纹、蒲纹、弦纹、卷云纹、凤鸟纹、夔龙纹、兽面纹等。石器只有磨、搓石等。现摘要介绍如下：

玉璧，两墓共出各式玉璧四十三件，基本采用青玉和白玉两种制成。其中有代表性的是刘胜墓出土的I型透雕双龙卷云纹附饰的谷纹白玉璧（1∶5048）。玉质晶莹洁白，两面谷纹，纹饰优美，造型别致，极为少见，乃是汉代玉器中的珍品。通长 25.9 厘米，玉璧外径 13 厘米，玉璧内径 4.2 厘米，厚 0.6 厘米（图二八）。

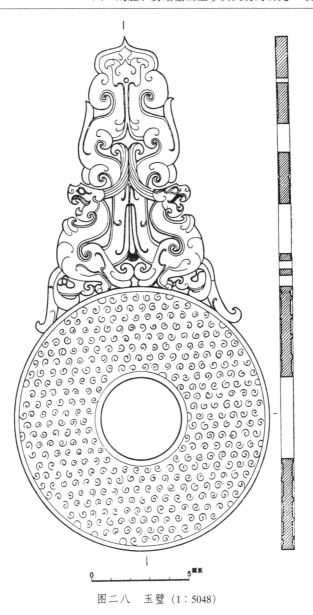

图二八 玉璧（1：5048）

其他几型（Ⅱ—Ⅳ）有青、碧、白玉几种。一般在璧面中部刻弦纹或栉齿纹一周，将其分作内外两圈。外圈琢夔龙涡纹、夔龙蒲纹或凤鸟纹，内圈琢涡纹或蒲纹。有的璧面只有涡纹、蒲纹或谷纹。

玉圭，刘胜墓出三件，有青玉、碧玉两种。其中二件近底部有小孔。

璜形玉饰，五件。其中四件分别出于刘胜和窦绾玉衣的双手中，系采用青玉璧残段制成。刘胜墓两件1:5240、1:5241璜面有夔龙纹和蒲纹，长22.6厘米，宽4.2厘米。窦绾墓两件为凤鸟蒲纹，长13~13.6厘米，宽4~4.5厘米。

玉九窍塞，刘胜、窦绾墓各出九件，一共十八件，均和玉衣同出。其中包括眼盖、耳填、鼻塞、口玲、肛门塞和生殖器罩盒。窦绾生殖器部位不用罩盒而用圭形器作为堵盖阴户之物。所谓"金玉在九窍，则死人为不朽"，用玉覆盖在尸体的九窍部位。

玉人（1:5172），出在棺椁之间。玉质洁白晶莹，面削长，长眉短须，束发于脑后，头戴小冠，冠带扎于颏下。长衣右衽，宽袖，腰间系方格纹带，凭几而坐，双手扶于上。底座阴刻五行十字"维古玉人王公延十九年"。高5.4厘米。

玉印，六颗，刘胜墓于棺外出四颗，窦绾墓出二颗。仅刘胜墓玉印有两颗分别有"信"（1:5223）、"私信"（1:5192）的篆刻阴文。其余四颗白地无文字。

石磨及漏斗形器，一套。石磨（1:3001）系黑云母花岗岩制成，分上下两盘。上盘表面中心作圆形凹槽，周边突起，槽中一横隔，隔两侧有方形磨孔，过漏粮食。盘两边有对称长方榫眼，可安木柄。盘底中心略凹，凿出圆窝形磨齿。下盘亦凿出磨齿，中心一圆形铁轴。磨面高18厘米，径54厘米，榫眼长6厘米，宽1.8厘米，深4厘米。磨齿圆窝径2厘米。铁轴长2.5厘米，径3.5厘米。石磨出土时放置在漏斗形铜器内，该器大于石磨，显为磨盘。漏斗形铜器（1:3002），大口，内壁斜，下腹收为漏斗形，中腰施宽带纹一周。在斜壁上向内伸出四个对称支架，支架上原应有木架以支撑磨盘。漏斗口径94.5厘米，底径29厘米，高34厘米，厚0.8厘米。

玉器中还有一些小件玉器出于棺内或携带于墓主身上，有玉环、玉笄、玉带钩、玉佩以及各种透雕玉饰（包括龙、凤鸟、兽、云、瓶等）。此外，还有玛瑙、水晶、玛瑙珠等。

（三）精美的彩绘陶

在刘胜、窦绾墓中，除了大量精美的青铜器、玉石器，特别引人注目的还有大量精美的陶器。其中的酒器和炊饮器，既有实用的大型陶器如方陶缸等，也有随葬的冥器。两墓共出土陶器九百九十七件。这样多的陶器，而且又以大件居多，在过去发掘的汉墓中实属罕见。

刘胜墓陶器共计五百七十一件，种类较多，有壶、小壶、钫、罐、瓶、瓮、缸、盆、钵、奁形器、鼎、釜、甑、盒、盘、匜、耳杯、卮、灯等。除了个别器物，大多见于西汉的墓葬之中。比较突出的是彩绘陶器的大量发现。其数量之多前所未见，而且图案富于变化。刘胜墓以泥质灰陶为主，共计五百四十九件，夹砂灰陶十三件，泥质红陶与夹砂红陶各四件，釉陶只一件，绝大部分为轮制。其中朱绘陶一百六十件，有钵、匜、耳杯三种器物；彩绘陶器一百三十九件，有小壶、鼎盖、盒、盘、卮五种器物。它们是在陶器烧成后描绘上去的，因此易于脱落。色彩用褐色为地，以红、蓝、白、藕褐、浅黄诸色相间描绘花纹。纹饰繁缛，精工细巧，线条流畅。以夔龙、变体云气纹、鸟纹为主的陶器，极富于变化，是当时彩绘艺术的佳作。

窦绾墓中的陶器以夹砂灰陶为多，共计四百二十六件。器形和一号墓没有大的变化，但其中有几件彩绘陶器特别引人注目。下面选两墓中一部分陶器加以介绍：

陶壶，两墓出土一百四十五件，分为六型。刘胜墓陶壶表面大多涂有一种粉状物，壶的内壁涂一层朱漆，部分陶壶朱书编号，一些陶壶中有动物骨骼。窦绾墓一些陶壶内有社鼠、褐家鼠、大仓鼠等百余只，还有一些粮食和植物的残渣。由此可见，陶壶除盛酒外也装食物。这些随葬的食用鼠，证明当时我国北方有吃鼠的习俗。早在战国时已有记载，其中说河南洛阳一带的周人把未腊过的鼠肉称为"璞"。

小壶，分为三型，大部有彩绘。以 1∶3083 为例，壶颈部朱绘三角纹，肩部弦纹间勾画菱形格，内绘云纹并饰圆圈和弧形纹，腹部和圈足饰弦纹。壶盖褐色地，上绘黄白色夔龙作蟠曲状，以朱色绘细部，并朱绘带纹一周。通高 3.8 厘米，口径 15 厘米，腹径 23.2 厘米，圈足径 16 厘米。

大陶缸，两墓共出三十三件，皆为酒器。刘胜墓陶缸为方形，通高 66～76 厘米，有方形盖。1∶3050 通高 74 厘米，口宽 48.8 厘米，腹宽 65.5 厘米。部分陶缸肩部朱书文字"黍上尊酒十五石"、"甘醪十五石"、"稻酒十一石"等，证明这些陶缸是盛酒用的。窦绾墓中出土的大方形酒缸短颈，斜肩，肩部朱书同上。

陶鼎，三十三件。刘胜墓鼎二十一件，分二型。Ⅰ型皆施彩绘，子母口，腹微鼓，方耳，圜底，下附三兽蹄足，器身腹部施栉齿纹一周。器盖褐色地，用红、蓝、黄、白绘出卷曲的夔龙纹，点缀圆圈、云气纹等。1:3088通高21.2厘米，口径21厘米，腹径26厘米。Ⅱ型无彩，子母口，腹壁有折棱，方耳，圜底，下附三蹄足。1:3394通高19厘米，口径15.5厘米，腹径19.7厘米。

陶盒，刘胜墓出土三十件。其中二十三件有彩绘。一般子母口，腹微鼓，平底附矮圈足，盖顶有圆形捉手。全部彩绘，涂褐色地，以红、蓝、黄、白等色描绘花纹。彩绘纹饰分两类。第一类，腹部朱绘三角纹带，器盖等绘变形云气纹，顶部绘夔龙纹。1:3159通高15.7厘米，腹径19.8厘米，底径9.3厘米，盖高6.7厘米。第二类，器身朱绘波浪纹，盖周为弦纹加云气纹。1:3176通高17.5厘米，腹径21.5厘米，底径10.5厘米，盖高7.4厘米。窦绾墓出土二十三件，皆彩绘。以2:2485为例，盒作扁球形，有底盖两部分。器内外均涂黑地，口外沿描三周红彩。中间为一周波浪纹，盖顶有捉手，口颈及顶绘三周红彩，中间用红、蓝二色绘斜角云纹及带形纹，捉手内绘虺形纹。2:2485通高14.6厘米，盒身高8.8厘米，口径16.3厘米，圈足径9.5厘米。

刘胜墓中出有彩绘盘、匜以及瓶、瓮、甗、盆等。

彩绘陶盆主要出于窦绾墓中，共十二件。其形制大体相同，大敞口，平折沿，浅腹，圜底。一般高11.8~16.4厘米，口径54.2~56.5厘米，壁厚0.6~1厘米。彩绘内容皆以黑色涂地，用红、白、蓝描绘各种纹饰。多数在口沿绘几道红彩。内壁纹饰分三部分，上部绘鹭、鱼纹，中部两周红彩之间绘云

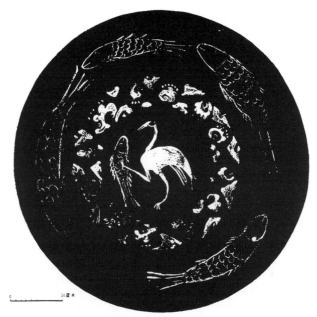

图二九 彩绘陶盆 (2:2487)

气纹、花瓣纹，底部绘鹭、鱼纹。2:2487 高 13.1 厘米，口径 55 厘米，壁厚 0.8 厘米。2:2480 高 13.7 厘米，口径 56.2 厘米，壁厚 0.7 厘米。这批彩绘陶器，技巧纯熟，画法生动活泼，色彩鲜明，线条流畅，鱼、鹭姿态生动逼真，而且配有几何形流云图案，是难得的艺术珍品（图二九）。

彩绘陶匜，窦绾墓出土十四件。器里涂朱色，十分鲜艳；器表黑地，用红、白、蓝等绘出云纹、带形纹图案。以Ⅱ型 2:2200 为例，方形，敞口，浅腹，平底。流前宽后窄、前高后低似柄形。器表上下施三周红彩，中间用红、白和粉色绘斜角云纹及带形纹图案，流云外绘一白色游鱼。口 25×25 厘米，腹深 6.8 厘米，底径 19 厘米，流长 10 厘米，流宽 5 厘米。

窦绾墓内还出土了一些耳杯、卮、碗、灯、甑、釜等物。

（四）雍容华贵的帷帐和车马

1. 国内发现时代最早的铜帐构件

在刘胜墓的中室内出土了许多铜质帷帐的构件，基本可分为两组，中室中部为一组，中室西南部为一组。这些铜质帷帐构件上木架已经腐朽，但从帐构的大小、编号、刻铭、出土位置等分析，它们是分属于两套帷帐上的构件。经过室内整理和复原后知道它们与汉墓壁画和画像石中常见的帷帐是相似的。现将两套帷帐介绍如下：

四阿顶长方形帷帐（1：4181）出土于中室中部，恰是正厅的中央部位。这套帷帐由大小一百零二件鎏金铜质构件和木架结构而成。构件按其位置可分为十四类：包括底座构件四件、顶角构件四件、立柱柱端构件十件、立柱中段承插构件五件、枋木和地栿中段折叠式构件十二件、脊端构件二件、垂脊中段折叠式构件四件、椽木上端构件八件、垂脊前端和椽头构件二十八件、垂柱柱头构件二件、垂柱顶端构件二件、圆柱形搭接构件六件、人字形斜撑顶部构件一件和斜撑两端构件十四件。在多数构件上分别有"1"、"11"、"111"、"1111"、"⊠"、"二"、"三"、"六"、"七"、"八"等编码记号，显然各构件之间存在有机联系。经过对各种构件特点的分析和判断，可作复原。这是一座帐架平面为长方形、顶作五脊四阿式的帷帐建筑，非常华丽。各椽皆以盖弓帽为饰，用四根立柱为帐架，而帐中无立柱。拐角等各接触部位全部以鎏金铜构件相接，设计精巧，装饰华丽，可以安装和拆卸，在建筑结构设计上非常讲究（图三〇）。

四角攒尖顶方形帷帐（1：4320）出土于中室西南部，共有大小构件五十七件，较上一件帷帐构件粗重。其构件依其部位和形制可分为九类：其中包括底座构件四件、顶角构件四件、立柱柱端构件十件、立柱中段承插构件五件、枋木和地栿中段折叠式构件八件、垂脊中段承插构件四件、椽木上端构件四件、垂脊前端和椽头构件十四件、落销构件四件。一些构件分别刻有记号："甲下"、"上三"、"丙下"、"丁上"、"内"、"下四"、"下三"、"下二"、"下一"、"子"、"丑"、"寅"、"卯"、

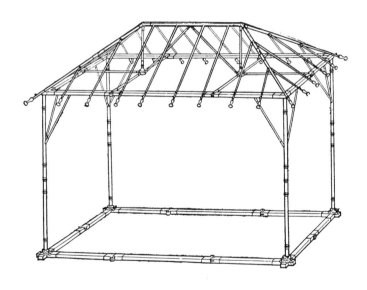

图三〇 铜帐构（1：4181）复原图

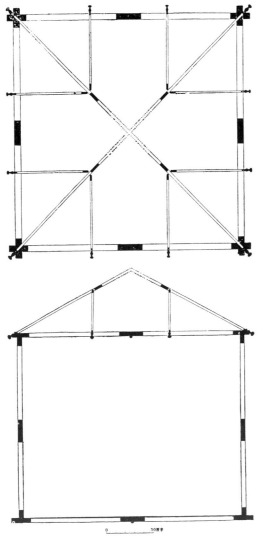

图三一 铜帐构(1：4320)复原图

(上.俯视；下.正视)

"甲"、"乙"、"丙"、"丁"等。根据这套铜质构件刻字编号进行复原,结果可以看出这是一套平面为方形、四角有立柱、顶作四角攒尖式的方形帷帐。帷帐内的面积较上一件小,帐架顶四坡各有二小椽,上饰盖弓帽,角端也饰盖弓帽(图三一)。

汉代封建贵族使用帷帐很讲究,用于厅堂,举行宴饮,招待宾客。由于它可以拆卸,所以还可以作为行帐用。可根据气候的冷暖,在帐架的里外挂上五颜六色或厚或薄的帐幕。在河南密县打虎亭汉墓壁画以及汉画像石墓中表现帷帐使用情况最为清楚:在宽敞的大厅中陈设着一具挂着彩色帐幕的长方形庑殿顶的帷帐。墓主人坐在帷帐之中。宾主前面摆设着宴饮用的各种器皿,长方形漆案上放着杯、盘。宾客们席地而坐,或宴饮或交谈,观看百戏,载歌载舞,场面十分热闹,充分反映了墓主人生前豪华奢侈的生活情景。刘胜墓内两具帷帐之前也陈设了大量精美的青铜器和各种漆壶、漆盘、漆杯之类,帷帐前还有反映当时奴婢使用情况的各种石俑、陶俑,是他生前生活的真实写照。

帷帐构件出土较少。1956 年在洛阳曹魏时代的墓中曾出土了一批铁的帷帐,根据所刻铭文得知是魏正始八年(公元247 年)之物,较刘胜墓铜质帷帐构件晚了三百多年。再就是汉墓中壁画所反映的一些情况。刘胜墓两套完整帐构是我国发现的时代最早的铜质帷帐构件。它的出土为研究汉代及其以后帷帐的结构提供了十分宝贵的实物资料。

2. 豪华的车马器

刘胜和窦绾墓中都有作为车马房的耳室,主要使用真车马殉葬。真车马殉葬是商周以来奴隶制社会的习俗。不过,汉朝初年由于社会性质已发展到封建社会,一般已不再用真车马殉葬了。当然，秦以前诸侯王、高级贵族死后用真车马殉葬的习俗还是有残余的。河北定县三盘山中山王家族墓，特别是八角廊中山怀王刘修墓属西汉中晚期。这些墓葬用大量车马殉葬的情况和刘胜夫妇墓的情况是相同的，说明了西汉时期诸侯王死后用真车真马殉葬的情况是存在的，而且殉葬的真车各有定数。

刘胜墓用六辆车殉葬。两车置甬道（即前室），四车放于南耳室。六辆配置了十六匹马，一号车为一匹，二号车为四匹，三号车为四匹，四号车为二匹，五号车为二匹，六号车为三匹（其中可能有乘马二匹）。在甬道还随葬十一只狗。这些狗是跟着车子的。另外还有一只鹿。

窦绾墓在北耳室置车四辆、马十三匹。一号车为四匹，二号车为四匹，三号车为四匹，四号车为一匹，是用大马、小马驾驭，也全部用的是真车、真马。从车子的数量可以反映出刘胜和窦绾二人等级方面的差异，即诸侯王后比诸侯王随葬车马少二辆，其他随葬遗物也减少。马和狗是杀死以后殉葬的。由于墓内潮湿，辕木、衡、车箱已全部腐朽，所以只能根据金属车器、漆皮痕迹、马骨架、马饰等推测车马随葬的情况。

刘胜墓中还随葬了十一辆模型冥器小车及小马。车、马均为木质。这在定县三盘山汉中山王刘氏家族墓中也有这种情况。

刘胜墓六辆实用车十六匹马，共有金属车器、马饰四十五种八百三十二件。其中铜质的三十七种七百五十八件，占全部车马器的 89%；铁质的十种四十四件；银质的三种三十件。另外十一辆冥器小车有金属小车器、马饰十八种二百零三件，其中铜质十五种一百六十六件、铁质三种三十七件。

　　窦绾墓四车十三马，共有金属车器、马饰三十七种二千零五十二件。其中铜质的二十六种二千零三件，铁质的十一种四十九件。根据车上采用大量鎏金、银、铜饰件等高贵华丽的装饰，两墓中的车子符合汉诸侯王、后乘用车的制度。其中有刘胜夫妇出行时乘用的"王青盖车"即安车、游猎时驾驶的猎车和宫廷用的小马车及轺车等，十分华丽。车器构件多铸造精美。车軎（轴头）、輈（辕）饰、衡饰（包括轭、末以及轭首、轭角等饰件）或鎏金银，或镶嵌绿松石、玛瑙。车箱虽已腐朽，但可以看出以红、白、绿、褐等颜色绘的菱纹、云气纹等，十分讲究。车上有装饰华丽的伞盖，盖弓（即橑）末施以镀金华形盖弓帽二十至三十多枚不等。至于马的身上，除络饰外还有马服、络饰铜泡、带扣、铜环。特别是鎏金银纹饰或纯银镶嵌玛瑙的当卢都是前所未见的。如刘胜墓出土的一件鎏金银花纹的铜当卢上面刻画山峦、禽兽、人物和云气图案，镀以金银，是汉代工匠们高度智慧和艺术的结晶。刘胜乘用的安车见于《后汉书·舆服志》的记载："皇太子，皇子皆安车，朱斑轮，青盖，金华蚤，黑樔文，画辖文辀，金涂五末。皇子为王，锡以乘之，故曰王青盖车。"李贤注："金华，以金为华，饰车也。爪者，盖弓头为爪形也。"前文徐广注："五末疑为前一辕及衡端，毂头也。"墓中"轮"、"盖"、"辖"、"辀"之木虽皆已腐朽，但各种鎏金装饰犹存。如盖弓帽多"金作华形，茎皆低曲"、"施于橑末"，辀、衡、车軎鎏金或错金银，再加大量朱绘纹饰舆箱残痕和文献所记"王青盖车"的情况相同。刘胜墓和窦绾墓的四马车属安车之类。其中一马驾驶的应为双辕的轺车。窦绾墓四号车为小马车。据《汉书·霍光传》记载："召皇太后御小马车，使宫奴骑乘，游戏掖庭中。"张晏注：

"皇太后所驾游宫中辇车也。汉厩有果下马，高三尺，以驾辇。"颜师古注："小马可于果树下乘之，故号果下马。"从窦绾墓四号车车箱狭小，长 55 厘米，宽仅 90 厘米，装饰豪华，小马驾驭来分析，应是霍光传中所说的小马车。在刘胜墓中，发现甬道（即前室）二号车，装饰华丽，饰龙首，周围有高腿狗十一只（当地称细狗，腿高跑得快）。这部车子可能是中山靖王刘胜出门游猎时所驾驭的。每只猎狗口含铜镳，颈带长铁链，跟在车子的后面，很威风。在这辆车上发现了弩机和承弓器，也可以作为游猎车的证明之一。

（五）武器、工具

在刘胜墓和窦绾墓中，出土许多件铸造精美、刃口锋利的青铜剑、刀，属于百炼铜的铁剑、书刀和各种工具等。这些武器集汉代冶炼技术发展之大成，在铸造、冶炼、锻打、刃部淬火等技术方面达到了新的发展高度。这里择要把两墓中出土的铜、铁武器和工具介绍如下：

1. 铜兵器

玉具剑（1:5051），出土于刘胜墓棺椁之间。剑身细长扁平，中脊微隆起，剖面呈扁菱形，刃部鎏金，光泽锋利，剑格素面，剖面呈菱形。在扁平的茎上残存缠和夹过木片的痕迹。首端有一圆形孔，用以固定剑首。通长 71.8 厘米，剑身长 58.9 厘米，宽 3.3 厘米，格宽 4.5 厘米。此剑出土时锋利无比。木剑鞘已朽，存白玉涡纹璏一、梯形浮雕神兽流云白玉珌一，玉质晶莹细腻，乃上乘之作。

玉具剑（1:5046），形制与上件同。惟剑身剖面呈六角形。

通长 64 厘米，剑身长 53.5 厘米，宽 3.7 厘米，格宽 7 厘米。璏、珌乃青玉，浅绿色，光泽照人。璏表饰谷纹，珌刻阴线卷云纹。此剑随葬于棺椁之间。对剑脊部取样进行化学定量分析，其成分为铜 78.32%，锡 18.47%，铅 1.96%，锌 0.12%。

铜剑三件。2:4031 中脊微隆，两刃平直，锋锐，肩平茎，剑格上有鎏金蟠螭纹，鎏银地，另有铜珌一件。通长 40.3 厘米，剑身长 30 厘米。1:5024 剑体较短，刃部剖面为扁菱形，白玉剑格。通长 37.3 厘米，剑身长 26 厘米。此外，还有一种无剑格的扁茎无格剑 (2:4030)，刃作扁六角形。通长 40.2 厘米。

鎏金匕首 (1:5109)，身扁长，中起脊柱，刃部鎏金，剑格雕成兽面形。茎分内外两层，内心为圆柱形，外层雕成扭索状，缀以圆涡纹，圆首，茎侧一小钮。花纹古朴，雕镂精细，特别是刃部鎏金表示为高贵人物所用。通长 28.2 厘米，身长 19 厘米，茎长 6.7 厘米。

铜戈，刘胜墓出二件 (1:4219、1:4220)，制造精细，长胡三穿，曲援，直内。内上近胡处贯以鎏金的镈，其状为銎管上端饰一只蹲状回首的鸳鸯，用以冒柲。1:4220 除援刃、内周边外，饰褐黑色斑，黑中闪亮，犹如蛇皮，似曾用药浸泡而形成的一种效果。两戈均具镦，大小相同。1:4219 通长 20 厘米，援长 11.6 厘米，内长 8.4 厘米，镈径 1.9 厘米。此戈经化学定量分析，成分为铜 84.47%，锡 15.4%，铅 0.7%。

铜弩机，两墓共出三十九件，其中刘胜墓出土三十七件（十六件为实用器，二十一件为冥器模型）。实用弩机器形大，制作精湛，全部鎏金。由郭、悬刀、钩心、牙、键等部分组成。

各部件大多刻有记载编码数字的铭文，从"一"到"四十三"不等。1:4394弩机郭处刻"董氏"、"二寸八分"、"第一"。1:2256望山上有五个刻度，分别用错金和错银来标出一度和半度，非常精密。度距从上往下递减，从7.5毫米减到6.5毫米。望山上的刻度有如今日步枪上的标尺，是为了瞄准远近不同的目标。它是符合抛物线（弹道线）原理的。这说明汉代人从实践中已认识了重力（地心吸力）和空气阻力对射箭的影响。

2. 铁兵器及工具

在两墓内发现了大量的铁兵器和工具，刘胜墓中出土了铁器四百九十九件，窦绾墓出土了一百零七件。兵器中有铁剑、杖式剑、匕首、刀、戟、矛、铠甲、错金铁尺等。现在选择其中一些重要铁器介绍如下：

铁剑，刘胜墓中发现九件。依其形制可分为长剑、短剑、细剑三种类型。对其中一部分进行了加工工艺的分析。

长剑三件，一般剑身细长，扁平，中脊稍高，断面为扁菱形，茎细扁，上有夹木，有的丝缫尚存。1:5042出棺床上，为玉具剑，螭龙卷云白玉剑格，首、璏、珌均白玉浮雕，甚精致。剑首圆形阴刻卷云纹，璏、珌浮雕神兽。通长105.8厘米，剑身长88厘米，宽3.1厘米，格宽5.2厘米。同形制的1:5105为铜剑格，通长104.8厘米，身长86.5厘米，宽3.4厘米，格宽4.5厘米。1:5106带鞘，通长111.3厘米，身长87.7厘米，宽3.9厘米，格宽4.8厘米。1:5105经金相学考察，为块炼渗碳钢经多次加热、渗碳、反复锻打而成的钢剑，即"百炼钢"的雏形。刃部又经局部淬火，致使刃部硬度甚高（维氏900公斤/平方毫米），脊部硬度较低而具韧性，具有刚柔结合的复合性能。

短剑，四件，剑身短，无格，茎上附朽木。1∶5111 通长 34.4 厘米，身长 27.5 厘米，宽 2.8 厘米。1∶4249 经金相学考察，质同上述 1∶5105，亦经淬火热处理，工艺较进步。

细剑，二件，身细长，中脊高，无格。1∶4246 残长 46.2 厘米，宽 2.2 厘米。

杖式剑（1∶5110），剑身细长，断面呈橄榄形，剑茎和身无明显分界线。全剑纳于一木杖中，木杖雕作竹节状，共六节。上两节为剑柄，下四节为剑鞘，杖首铜饰如半个球形。通长 114.7 厘米，身长 93 厘米，宽 2.3 厘米。此剑出刘胜棺床之前，形制奇特，过去很少实例。

钿嵌金片铁匕首（1∶5196），身扁平，中脊隆起，两侧均钿嵌金片花纹带，一面作火焰纹，一面似云纹。茎宽扁，中部透空，环首和格由银基合金制成，环首镂空，钿嵌金片卷云纹，格作钿嵌金片兽面纹。此剑制作非常讲究和美观。通长 36.7 厘米，身长 23 厘米，宽 4.3 厘米，格宽 6.4 厘米，茎宽 3.1 厘米。

长刀（1∶5104），刀身细长，背平直，断面呈楔形。刀茎格小于身，茎外夹木片，用麻缠紧，涂以褐漆，其外自下而上绕以 3 毫米粗的丝缑。环上用 4 毫米宽的长带状金片包缠。刀鞘用二木片挖槽弥合而成。鞘缠以麻，外再裹多层丝织品，最后髹朱漆，外表以绦带缠绕。鞘口附一金带铐。残长 62.7 厘米，刀身残长 46.8 厘米，宽 4.2 厘米，环径 6.4 厘米。

刀，共二十九件，分四型。其中有两型是属于错金书刀。现介绍Ⅰ、Ⅱ型。Ⅰ型刀（1∶5197），刀身微曲，刀、柄有明显分界线，环首除刃部外，均错金饰纤细的云雷纹图案。金丝径仅 0.08～0.12 毫米，用平行双线，显示出精工细做方面的惊人成就。通长 42.4 厘米。经金相学观察，是由低碳钢渗碳叠打而成，再经过表面渗碳，最后刃部局部淬火，故刃部刚硬，硬度为维氏硬度 570 公斤/平方毫米，有较好的韧性。Ⅱ型刀，有皮革鞘，两件环首金质。1∶5236 刀鞘保存较好，鞘上附零星金片，通长 42.7 厘米。经清华大学作金相分析，属中碳钢，并经退火热处理。

铁戟，刘胜墓出土二件，作卜字形，援内一铜器籥以冒柲首。胡上四穿，援上一穿，用麻来回贯穿缚柲。刺、胡、援都有用两木片弥合而成的木鞘，外缠麻再髹褐漆。1∶5023 刺、胡通长 36.7 厘米，援长 12.1 厘米。1∶5077 刺、胡通长 36.7 厘米，援长 12.1 厘米。上一件（1∶5023）经金相和电子显微镜考察，它和钢剑、错金书刀一样，是经过多次加热渗炭，反复锻打而成的钢戟，而且也经过淬火热处理。

铠甲（1∶5117），出土于后室西南部，捆成一卷放置，其上残存有捆绑的麻绳两道。底面有铺垫苇席的痕迹。经修复，铠甲为方领、对襟开口、短袖，形制如上衣，共由二千八百五十九块甲片联成。甲片由纯铁、熟铁锻制而成。其中包括两种甲片，即槐叶形甲片一千五百八十九片，组成前后身，每片上有八个小孔；圆角长方形甲片一千二百七十片，编缀两袖和垂缘。铠甲有皮革和绢两层衬里，领口、袖口、衣襟、垂缘之边缘用皮革和织锦两层包边。复原后的铠甲模型长约 80 厘米，腰围均 115 厘米，袖长约 34 厘米。

在窦绾墓中出土了一部分有研究价值的铁器。错金铁尺（2∶3065）出土于中室南区器物群，表面包有一层丝织品，并粘有席子痕迹。经 X 光透视和修复发现两面均有错金花纹及所刻尺度。两端各有一圆孔，可以系带。尺寸刻于两边，用错金小点表示。全尺分为十寸，一边刻出等距十寸，另一边在第一、二、四、六、八、十寸无划分，而第三寸刻三等分，第五寸刻五等分，第七寸刻七等分，第九寸刻九等分。两面均为错金流云纹。此尺经中国计量科学研究院实测，长 23.2 厘米，宽 1.2 厘米，厚 0.25 厘米。这样的西汉铁尺，在我国还是第一次发现。

武器中除了以上所述，尚有铁矛、镈、殳、铤、弓敝、不同形式的镞等。在铁工具中，有镢、斧、锛、凿、錾、锤、锯条、铁轴、犁铧、铲、二凿耙、铁范和各种铁铸件等。

（六）漆器和纺织品

在刘胜和窦绾墓内都发现了大量的漆器和纺织品，特别是中室和后室为多。由于墓内的气候湿润，这些不易保存的漆木、纺织品多已腐烂，只保存了一些残迹，不过也有一些重要发现。

1. 漆器

根据漆皮或残存下来的漆器上面的银、铜附件分析，漆器中有案、尊、奁、盒、盘、耳杯等。这些器物虽然木胎腐朽了，但器身上的附件还附在一些漆皮上，可以明显地看出有木胎和夹纻胎之分。器物表面上多为褐色或黑色，用朱色描绘出各种云气纹，多为朱色。银、铜釦器非常讲究，铜饰多造型精美和鎏金，作各种动物形象、蹄足、环耳，实用而美观。有的错金银或镶嵌绿松石，装饰华丽，表现了汉代漆器工艺的高度发展水平。

案比较多见。带有鎏金附件的案有七件，其他无附件的多已腐朽难查痕迹。1:5017 在案面周角装有鎏金铜饰四件，上铸浮雕式合首双躯夔龙纹，案足呈倒宝瓶形，耳边铸浮雕式虎形纹。1：4176案足上装置铜合页，使案足可以向内折叠。

漆尊共五件。1：5063为圆筒形，上有银、铜附件，装饰华丽，盖顶有银柿蒂座铜环钮，盖缘及器身饰银钿，腹部饰银质镂孔花纹一周，周侧附衔环铺首，三个鎏金蹲熊足。外褐色，内朱漆，夹纻胎。在尊底的一片漆皮上发现有针刻铭文"御褚羍尊一，卅七年七月，赵献"。"褚"即"纻"字，即夹纻漆器之意。此尊口径约28厘米。2：4060保存铜质盖钮、铺首和熊足以及一些银质饰物。盖顶当中为柿蒂座，鎏金、银。环钮周围有三个翘尾凤形高钮，器身加透雕银带饰，铜鎏金铺首衔环，器底周缘镶银，三蹄熊足。夹纻胎，器里为朱红色。其余几件漆尊也大同小异。

漆奁两墓共出三件，皆为母子盒，有五子和八子之分。1：5113为圆形八子盒，残存一些钿器。木胎，施红漆。内装方形、马蹄形、椭圆形等小盒八个。奁表镶嵌金箔、银饰或珍珠等。子母盒内装黄、白、粉状化妆品。2：4113为五子盒，内装方、圆、长方、马蹄形小盒五个。2：4024是窦绾墓出土，放置在棺内玉衣腿部之上，应为生前随身所用奁盒。漆面虽已朽，但从漆皮和残存金属附件观察，原来是一件装饰华丽而十分讲究的漆器。奁盒有铜饰带，经X光透视发现有精细的花纹。饰带上有龙纹、怪兽、流云和山形纹，纹饰轮廓细部错以金、银。上下饰三角几何纹、云纹并镶嵌松石、玛瑙。奁内放置一面铜镜（2：4114）和一束环首小刀（2：4117），还放有方形、长方形、椭圆形、大小圆盒各一件，纹饰装饰基本相同，错银柿蒂座，镶嵌玛瑙或松石，周有错金流云纹装饰或银轮廓线、双兽纹等。奁为夹纻胎，器内髹朱漆。

漆盘两墓共出十三件，刘胜墓出土十一件。夹纻胎，髹黑褐色，盘口镶银钿。盘底针刻铭文："御褚饭盘一，卅七年十月，赵献。"在1:5071漆盘内发现有一只烧烤过的乳猪。

漆耳杯两墓共出十九件（实际要多，此为残存数）。夹纻胎，黑褐色。底朱书铭文："御褚龓中杯一，卅七年十月，赵献。""龓"可能是"龙"字。杯耳饰鎏金、银铜饰。此便是《盐铁论·散不足篇》所载"今富者银口黄耳，金罍玉钟"中的"黄耳"。

此外，还有漆器附件铜器足、钮饰、铜铺首等物。

2. 纺织品

两墓中保存的纺织品都很少。经过清理，发现在玉衣、铁甲片、漆器等上面还保存了一些纺织品的残片，有的有色彩，有的已褪色。刘胜墓出土的纺织品包括了平纹织物（细绢、朱绢、縑）、纱罗织物、重经起圈织物、经编织物等。窦绾墓中出土有绢、织锦、绣绢、麻布等。

细绢，在刘胜墓棺内玉衣左侧发现细绢残片，是衾褥之类遗存。绢片面积很小，外观呈淡绿色。在显微镜下观察，经密每厘米约二百根（经丝投影宽约0.04～0.05毫米），纬密每厘米九十根，达到了罕见的密度。这种光滑细薄的绢可能就是记载的"纨"或"冰纨"类织物。

朱绢，在铁甲内发现朱色小块绢片，质较粗。每厘米有经丝七十五根，有纬丝二十五根，采用朱砂染色。外观爽滑柔和，组织结构清晰，为当时的高级染色织物。

縑，在刘胜墓玉衣左裤筒内发现了双丝平纹织物残片，质地细薄，平正，具有丝织物的透明感，呈土黄色。每厘米有经丝七十五根、纬丝三十双。其组织循环为两根经丝四根纬丝。

组织点完全是平纹织物的特征。这种双丝平纹织物应是《急就篇》颜注"缣之言兼也,并丝而织,甚致密也"的缣。

纱罗织物,在刘胜墓后室漆奁中发现了提花罗纹残片,孔眼均匀。每厘米经丝为一百四十四至一百四十八根,纬丝为四十根。地纹织法比较复杂。地纹组织的外观,两面各有不同,正面绞织点经丝三上一下,反面绞织点经丝一上三下。采用这种结构形式,上机织造时可以反面向上,在织地纹时,一次只需提升四分之一的经丝,比正织省工得多,织出的纱罗美观大方。

重经起圈织物,发现于刘胜铁甲镶边处,主要有起圈菱纹锦。其图案作菱形,个体纹样长约1厘米,花纹起圈,显得高出地子表面,地作枣红铁锈色。其密度经丝每厘米六十根,纬丝则无法分辨(因腐蚀太甚)。这种织锦估计是以三四重经丝织造的,还要有一套提花和起圈装置相互配合才能织造。

经编织物,主要有组带,在刘胜玉衣内玉璧上和鞋口处都发现了用丝缕编制的窄幅织物痕迹。该织物作网状组织,拉伸时网眼能变成棱形。采用"绞编法"或"穿编法"制成。古时这种组带为冠缨、履系之用。

麻布,发现于窦绾玉鞋口处,为残片。其密度为每厘米经线三十根、纬线二十五根,是贴玉用的衬裏。

重经织物,织锦出土于窦绾棺中,呈栗壳色,局部附有朱色痕迹。其组织结构为经丝三浮一沉,而少数是在一个浮三的位置上出现两个浮二的经丝,交错衔接,共浮于同一根纬丝上的。这种情况是两组经丝与一组纬丝交织,在换色起花时才有的现象。它是由两组不同颜色的经丝和一组纬丝交织而成的经二重组织彩锦。其密度为每厘米经丝五十二双、纬丝三十四根。

刺绣织物，发现于窦绾墓的铁刀包帕和铜枕上。

在铜枕上有绢地锁绣残片，呈灰棕色。绢下有灰绿色绒状物，应是所衬的丝绵。

在铜枕底发现了一片绣花绢，外观呈栗壳色，锁绣花纹绮丽清秀，如意头及花蕾存有朱色。其单位纹样似由某种植物变化而来，具有旋转运动感，外廓为鳞片状，呈现出富丽绚烂的效果。

满城汉墓的纺织物保存下来的不多，但种类不少。这为了解当时北方纺织业的发展水平提供了一部分实物标本。

（七）货币

货币包括金饼和铜钱两种。

刘胜墓后室出土四十枚金饼。它们和二百七十七枚铜钱一起装在一个漆盒中。

金饼（1：5198），呈不规则圆形，中心内凹，背面粗糙。经鉴定，其含金量为 97%。这些金饼每枚直径 1.7～1.95 厘米，厚 0.45～0.65 厘米，重 14.2～20.4 克。其总重量为719.4 克，平均值为 17.99 克。

铜钱二千三百一十七枚。

半两钱一枚，属于"四铢半两"。

五铢钱分三型。Ⅰ型三百六十五枚。钱径 2.55 厘米。"五"字交叉两笔斜直，或微有曲弧。"铢"字的金字头作带翼箭镞形，或作三角形；朱字头方折，下笔微圆折，个别作方折。钱正面往往有记号，如穿上横郭、穿下横郭、穿上半星、穿下半星、四角决文等。

Ⅱ型一千七百零二枚。钱径2.55厘米,"五"字交叉两笔
缓曲,上下两横往往较长。个别"铢"字朱头有圆折意。有记
号钱。

Ⅲ型二百四十九枚。钱径2.6厘米,"五"字交叉两笔弯
曲较Ⅱ型为甚,其他同前两型。

刘胜死于汉武帝元鼎四年。墓内五铢钱铸于元狩五年(公
元前118年)至元鼎四年(公元前113年)六年间,但种类非
常之多。"五"字中间有两笔直的也有稍曲或相当弯曲的。
"铢"字金头有带翼镞式也有三角形的,"朱"字头基本方折。
这些现象推翻了过去研究中的某些论断。例如认为"五"字中
间两笔不曲的(相当于Ⅰ型)是武帝的,两笔稍带弯曲的(相
当于Ⅱ型)是昭帝的,两笔屈曲的(相当于Ⅲ型)是宣帝以后的。
又如"铢"的金头带翼镞式为西汉,三角形为东汉。武帝元狩五
年行五铢钱后,郡国吏民多私铸钱,钱法较乱。元鼎四年禁郡国
铸钱,"专令上林三官铸",但无法禁绝,字形也不一致。刘胜墓
出土五铢钱为了解西汉武帝时期铸币情况提供了充实的论据。
西汉五铢钱每枚相当于3.25克,而刘胜墓钱平均为4克,其标
准偏差值为0.5克(即68%的钱数在4.0±0.5克之内),超过
了五铢钱的一般重量。这表明了武帝时期经济繁荣和稳定的情
况。

在窦绾墓中也出土了二十九枚金饼。2:3015作不规则圆
形,表面鼓起,含金量为95%。其金饼每枚重量13.4~17.3
克,共计重438.15克,平均值为15.11克。

窦绾墓出铜钱一千八百九十一枚。其中有半两钱一枚。该
墓年代在太初元年之前。墓内五铢钱应是元狩五年(公元前
118年)以后到太初元年(公元前104年)所铸造的。这批钱

的平均重量为 3.7 克，较元鼎四年以前的钱为轻。

两墓出土的铜钱为西汉中期货币铸造的研究提供了不可多得的货币实物。

（八）研究汉代科学技术发展的新资料

在刘胜和窦绾墓中发现了一些反映西汉时期科学技术发展的新资料，包括了医学、天文、度量衡、冶金等方面，其中冶金、度量衡资料已在前面各节中作了介绍，这里不再赘述。

1. 医疗器具

自战国时期一些著名医学家伪托黄帝之名整理我国医学名著《黄帝内经》之后，汉代医学在前人总结医学经验的基础上，又有了进一步的发展。能够直接反映战国到西汉时期的医学资料很少，这次在刘胜墓中发现的一些金、银针等医疗工具是很难得的宝贵资料。

金医针，四枚，出土于刘胜墓中室南侧。此针细长。上端为柄，断面呈方形；下部为针身，断面呈圆形。柄上端穿有小孔。1:4354、1:4390 针头尖锐，针柄长度约三倍于针身。通长 6.6 厘米，柄长 4.9 厘米，宽 0.2 厘米，针身长 1.7 厘米。1:4446 针尖比前者钝，柄长倍于针身。通长 6.9 厘米，柄长 4.6 厘米，宽 0.2 厘米，针身长 2.3 厘米。1:4447 针尖作三棱形，针身较柄长。通长 6.65 厘米，柄长 2.65 厘米，宽 0.2 厘米，针身长 3.9 厘米。根据《黄帝内经》关于九针的记载，1:4446 应是锃针，1:4447 是锋针，1:4354、1:4390 是毫针。

银医针，五枚，皆残断。其中四枚从残存部分看，形状同金医针，惟柄部断面呈长方形。1:4391 残长 6.8 厘米，柄宽

0.3×0.2 厘米。另一枚 1∶4366 上端残，为细长之圆筒形，针尖钝圆。正是《灵枢经·九针论》所描写的"筩其身而卵其锋"的员针。残长 5.4 厘米，径 0.2 厘米。

银盒，一件（1∶4280）。其敞口微敛，浅腹，矮圈足似桃形，口沿有一长流，作子口承盖。盖似覆盘，其上突起弦纹四周，盖、身间活动环钮相连。通高 3 厘米，口径 6.4 厘米，流长 6.6 厘米。此种有细长流的银盒，实际是一种小壶。从其采用银质制作、小巧玲珑的特征来看，不是食物用具而是一种装特殊流质物的饮具。又从其容量很少来分析，有可能是一种煎药用的药壶，病人可以躺在榻上用药，不至洒到外面。

银漏斗形器，二件。侈口，口沿平折，尖底作扁圆形漏口，器身饰凸弦纹一周。两件大小相同。1∶4369 高 5.2 厘米，口径 3.8 厘米。此银漏斗形器，也应是一种医疗器械。它和今日观察耳病的医用漏斗相同，还有可能是过滤药物所用。

"医工"铜盆，一件（1∶5176）。敞口，沿外折，假圈足。曾经补修，一处在口沿，另一处在底部边缘，用铆钉铆上，证明此盆使用时间长。在口沿两处、器壁一处刻"医工"字样。除口沿的一处镌刻工整外，其余两处潦草。盆高 8.3 厘米，口径 27.6 厘米，底径 14 厘米。古代医者，通称为医工、医匠。《汉书·燕刺王旦传》载："（刘）旦得书以符，属医工长。"颜师古注"医工长，王宫之主医者也"，谓汉诸侯王国中有主管医务的官吏，称为"医工长"。"医工"盆，正是中山内府"医工长"所掌握的医疗器具。"医工"盆的用途值得注意。从其器形为浅腹、大口、适于盛水等特点分析，应该和外伤洗涤有关。

铜杵形器，一件（1∶4385）。外形呈圆柱状，杵头鼓起为杵面，有使用痕迹。器体两端鎏金，中腰稍细，便于手握。

由云雷纹和浪花纹组成一段图案。长 21.8 厘米，径 2.8 厘米。经对该铜杵化学定量分析，其成分为铜 87.26％、锡 11.99％、铅 0.62％。从器物大小、形制、铸造精致等方面分析，此杵有可能是中山内府医工专门用来捣药的工具，但没有发现臼。

砭石，二件（1：4456、1：4361），为水晶制品，形制、大小皆相同。1：4456 体作斧形，刃部锋利，长 2 厘米，宽 0.6～1.3 厘米。另一件大小相近。从水晶制品的刃部看，曾经使用过，上部如柄又便于手握。由于它们和一些医疗用具同出，很可能是为人体开刀用的"砭石"。它们和"医工"盆相配合，应属外科医疗用的器具。

双连铜祖，在刘胜墓中室内出土，形制相同。其状由两个相连的男性生殖器，包括阴茎和中空的龟头所组成。在阴茎根部相连，龟头朝外。两件形制相同，一粗一细。1：4018 出土时附近有两个小石卵，径 2.3 厘米。1：4179 较粗，径 3.4 厘米。

银祖，一件（1：4370），为男性生殖器。此祖中空，后端有一近似圆形的套环。通长 16.5 厘米。

刘胜墓中所出铜祖、银祖，在过去定县的一些汉墓中就曾发现过。当时有人认为刘胜淫逸无度，"乐酒好内"，这三件祖应是一种淫器。特别是铜祖还附有石卵丸二枚，象征睾丸。笔者认为三件祖都可能和医疗有关。如银祖中空，可以存热水，放入阴道内可使阴道温暖而起到治疗作用。这只是一个推测，有待于医学专家进一步的研究。

上述金、银医针，对于了解《黄帝内经》所载九针的情况有着非常实际的意义。它们同其他医疗器具一样，为祖国优秀医学遗产的研究增添了新的可贵的实物资料。

2. 铜漏壶

铜漏壶，一件（4:4325）。器身呈筒形，平底，三蹄足，凹底部伸出一个管状流口，壶身和盖扣合严密。盖面平，中央有一长方孔，长 1 厘米，宽 0.4 厘米。壶上置方形提梁，提梁中段也开有长方形孔和盖孔相对，大小亦相同。这相对的两个长方形孔是用于插置刻箭的。刻箭（已不存，应属木质或竹质），立于舟上，能随漏壶内盛水之盈减而浮降，从而指示时辰。铜漏壶通高 22.5 厘米，径 8.6 厘米，深 15.6 厘米，内径 8.4 厘米，盖径 9 厘米，提梁高 4.3 厘米（图三二）。这件漏壶是迄今为止经科学发掘出土的，具有准确年代可考的时代最早的漏壶，是一件重要的西汉时期的计时仪器，也可以说是中国最早的"钟表"。其作用和今天的时钟是相同的。壶中的木质或竹质刻箭虽已腐烂没有保存下来，但根据记载的有关刻箭的使用方法是可以复原的。《周礼·挈壶氏》郑玄注："漏之箭，昼夜共百刻，冬夏之间有长短焉。"壶筒内的舟就是一块圆形木片，它浮于水面之上，把刻箭顺提梁和壶盖上的长方孔插入壶内而立于舟上。水可从壶底的小管状流有控制地往外一滴一滴地流出，这就是所谓的漏壶。刻箭随水的减少、舟的下降而下降，用以指示出不同的时刻。刻箭上有一百个刻度，代表一昼夜。当时人们已观察到一年四季昼夜长短的不同，因此他们以太阳出没的时间为标准，划分昼夜的长短和根据昼夜长短的不同而调整箭上的刻度。全年备四十一支刻箭，更换使用。据研究，如冬至这天昼短夜长，就分昼为四十刻，夜为六十刻；夏至昼长夜短，就分昼为六十刻，夜为四十刻；春分和秋分昼夜相等，则昼夜各为五十刻。由于冬至和夏至相隔一百八十二或一百八十三天，昼夜漏刻相差二十刻，所以规定从冬至或夏至起，每隔九天换一根刻箭,昼漏增（或减）

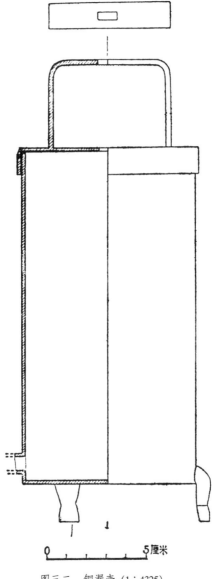

图三二 铜漏壶（1：4325）

一刻，夜漏减（或增）一刻。到了西汉晚期，又把观测到的天象数字作为依据来增减刻度，使滴壶更为准确。漏壶中的水，由于气温的不同，往往影响到流速的快慢而产生时差，所以要灌入热水。古代行军作战、皇帝上朝或官府办公都需要掌握时间，所以皇家特别设置了掌握漏壶的机构，由钦天监管理。陕西兴平出土了一件漏壶和刘胜墓出土漏壶相同，时代也相近。随时间的推移，漏壶的发展越来越复杂，像北京故宫交泰殿的清代漏壶是滴漏发展的最后阶段也是最高阶段。后来由于科学计时仪器——钟表的出现，才最终将其取代。

七　确定陵山一、二号汉墓墓主人

　身份的主要依据

在满城陵山一、二号墓发掘出土了大量带有铭文的青铜器、漆器以及封泥、印章等物，还有反映当时诸侯王、后丧葬制度的"以山为陵"、死者身穿"金缕玉衣"、镶玉漆棺和五铢钱等材料。经过发掘者的分析与研究，最后确定一号墓为第一代中山靖王刘胜的墓葬，二号墓在一号墓的北侧，属"同坟异穴"的夫妻合葬墓，即刘胜之妻窦绾墓。现将其确定身份的主要依据阐述如下：

（一）确定陵山一号墓为刘胜墓的依据

一号墓出土的刻"中山府"、"中山内府"铭青铜器达九件之多，包括钫、锺（图三三）、镶（图三四）、销、灯等。刻"中山宦者"铭铜器二件。此外，一些铜器和漆器虽然未标明"中山内府"，但有"御"字，也表明是王国宫廷中的御用之物。特别是纪年铜器、漆器为墓主人身份提供了有力的佐证。

"中山府"即"中山内府"的省称。据《汉书·百官公卿表》记载，诸侯王"有太傅辅王，内史治国民，中尉掌武职，丞相统众官，群卿大夫都官如汉朝"。丞相（景帝中元五年改为相）下属有"少府"等官，而无"内府"。"少府，秦官，掌山海池泽之税，以给供养"。师古曰："大司农供军国之用，少府以养天子也。"少府为汉九卿之一，是皇帝私府。诸侯国设

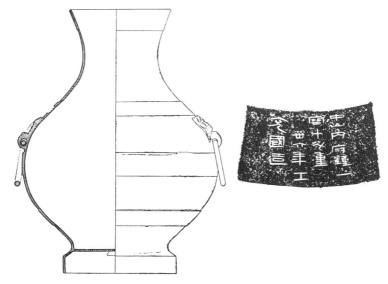

图三三 "中山内府"铜锺（1:4108）及铭文

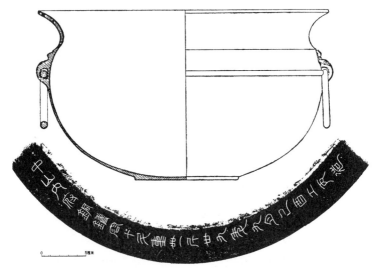

图三四 "中山内府"铜镬（1:4110）及铭文

少府可能相同，管本国收入和王室衣食器用、医药、娱乐、丧葬等事宜[1]。内府本为先秦官"九府"之一"[2]，汉初以来诸侯国沿用"内府"之称，其理解应同"少府"。在定县三盘山中山王家族墓中曾出土一件刻"中私府"铭漆耳杯。"中私府"即"中山私府"省称。据《汉书·百官公卿表》记载，掌皇后、太子官的詹事属官下有"私府"，"内府"、"私府"的职能可能同"少府"。另据出土"中山御丞"封泥分析，"御丞"即"御府丞"之略，"御府"系"少府"属官，置令、丞，是掌管珍贵物品的官[3]。中山内府下属有"御府"设令丞，所以中山国设的"内府"或"私府"同皇帝设"少府"可能完全相同，只机构较小。"中山内府"铜器足以说明使用铜器的主人为中山国最高统治者中山王。

一号墓内出土的十件刻铭纪年青铜器，上面有"卅二年"、"卅四年"、"卅六年"、"卅七年十月"、"卅九年"、"卅九年九月"等铭文。其中最早的为三十二年，有灯二件（1：3113、1：4120）。最晚的为三十九年，有灯一件（1：4115），镂一件（1：4110）。据《汉书·诸侯王表》记载，西汉中山国前后在位者有十王，其中前六代为刘胜直系。十王中在位最长者就是第一代中山王刘胜，在位四十二年；其次为康王昆侈，在位二十一年；最少的是靖王子哀王昌，在位只有二年。铜器铭文中三十九年、三十二年，都超过了除刘胜外其余各王的在位年数，所以可以肯定除刘胜外别无可能。就是墓中没有出现刻刘胜名字的印章，也可以作这样的推断。可能有人说，刘胜以后各代中山王也可以使用刘胜在位时期制造的铜器，但笔者以为只有刘胜死时内府属官把他生前使用的铜器随葬于墓中更合乎情理。刘胜墓出土玉印章未刻名，有可能为朱书，名字已经脱落。发掘者根据《史记·五宗世家》和《汉书·景十三王传》中刘胜传的记载，推定陵山一号墓主人为汉景帝刘启之子、武帝刘彻的庶兄。刘胜立于景帝前元三年（公元前154年），卒于武帝元鼎四年（公元前113年）二月，在位四十二年。他临终约五十七岁。

死者身着金缕玉衣，佩挂刀、剑，也是重要证据。玉衣是汉代皇帝和王侯贵族死后的殓服。王侯或高级贵族死后穿用金缕玉衣，只能由皇帝或朝廷直接赐予，不能自行违制制作。玉衣，又称"玉匣"或"玉柙"（椑）。西汉时期玉衣只有"金缕"记载，而无银缕和铜缕之分，更未明确玉衣的级别。据《汉书·霍光传》记载"光薨……赐……璧珠玑玉衣"。师古曰"汉仪注：以玉为襦，如铠状连缀之，以黄金为缕……"[4]。大司马、大将军、谥宣成侯霍光死后皇帝特赐金缕玉衣，所以陵山一号墓死者只能是有其诸侯王身份的人或具有大功的高级贵族。玉衣到东汉已由朝廷颁为定制，规定了使用玉衣的等级，即皇帝的玉衣用金缕，诸侯王、列侯、贵人、公主用银缕，大贵人、长公主用铜缕。刘胜是诸侯王，死后用金缕玉衣，应是当时玉衣的使用等级尚未有定制的结果，并非僭越，同时也反映出他为诸侯王的身份。

西汉中前期诸侯王死后因山为藏，制仿文帝霸陵。从各地发现的诸侯王大型崖洞墓来看，恐怕这是当时的一种制度。《汉书·文帝纪》文帝遗诏："霸陵山川因其故，无有所改。"应劭曰："因山为藏，不复起坟，山下川流不遏绝，就其水名以为陵号。"[5]陵山大型崖洞墓的开凿，无疑是仿霸陵，也是表明死者为诸侯王一级。规制相类似的诸侯王、后墓有徐州北洞山汉楚王墓[6]、徐州狮子山汉楚王墓[7]、徐州驮篮山汉楚王

墓[8]、江苏龟山汉楚襄王刘注墓[9]、徐州石桥东洞山楚王及
王后墓（M1、M2）[10]、河南永城芒砀山保安山梁孝王刘武夫
妇墓（M1、M2）[11]、永城芒砀山柿园村汉梁王墓[12]、永城
芒砀山僖山梁王墓及王后墓（M1、M2）[13]、山东曲阜九龙山
鲁王及王后墓（M2～M5）[14]等。这些大型依山开凿的崖洞墓
皆为王或王后墓。其情形和刘胜及其妻窦绾墓有些相似，表明
当时诸侯王大多遵循"因山为藏"这一制度。

（二）确定陵山二号墓为窦绾墓的依据

确定二号墓墓主的主要依据是后（主）室中部出土的一方
"窦绾"铜印章、"中山内府"铜锏、钤有"中山祠祀"的封
泥。同时，死者身着"金缕玉衣"，使用"朱漆玉棺"，埋葬在
"因山为藏"的巨大洞室内也反映了死者的身份。

二号墓洞室规模、开凿方法和一号墓相似。按照西汉前期
诸侯王、后死后合葬，大多实行"同坟异穴"的埋葬方法，首
先可以肯定二号墓为刘胜之妻即王后墓。王后的名字，即铜印
文所述"窦绾"，字"君须"（"须"即"嬃"之省）。窦绾之
名，未见记载。根据发掘者分析，窦绾可能是窦太后的娘家
人。窦太后为景帝之母，即刘胜的祖母。窦家是汉室的"外
家"。景帝时，宗室、外戚中窦氏等极有权势。皇室和"外家"
不断相互联姻。《汉书·窦婴传》载："诸外家为列侯，列侯多
尚公主。"师古曰"婴，景帝从舅子"[15]，故言"外家"。按照
辈分分析，窦绾有可能是诸窦之女，可能为窦太后的外侄之
女，即窦太后的孙子刘胜和外侄之女窦绾联姻。窦太后是清河
观津人，观津县属信都国，故城在今武邑县东南，地望与中山

国相近。

二号墓的年代问题。墓中出土的两件刻铭铜锏（2:4106、2:4034）上有"中山内府……卅四年四月"相同纪年的铭文。同样的铜锏在一号墓中也出土两件（1:4098、1:4328），均有"卅四年"纪年铭，只是容积、重量和购入地点不同。在河北行唐北高里西汉中山王家族墓中出土了一件铜锏，铭文为"中山内府，铜锏一，容二斗，重六斤七两，第八十三，卅四年四月，郎中定市河东"。其中纪年与二号墓相同。"卅四年"，是中山国刘胜在位第三十四年，为武帝元狩二年（公元前121年），说明此时墓主人窦绾尚健在。

二号墓出土一千八百九十一枚铜钱中，除一枚"四铢半两"外，余皆为五铢钱，钱种繁多，又分三型。根据铜质、形制、钱文，与一号墓相同，是武帝元狩五年（公元前118年）行五铢钱以后所铸造[16]。行五铢钱后六年，钱法紊乱。《史记·平准书》记载："郡国多奸铸钱，钱多轻……其后二岁（即元鼎四年），赤侧（仄）钱贱，民巧法用之，不便，又废。于是悉禁郡国毋铸钱，专令上林三官铸。"[17]刘胜死于武帝元鼎四年（公元前113年）。当时正处于币制改革，销郡国铸钱，行"三官"钱的时刻。既然两墓铜钱相同，就有可能包括郡国吏民自铸五铢和"上林三官"五铢，二者在短暂时期出现恐怕也是事实。这是墓内钱种繁多的一个原因。窦绾墓铜钱既同一号墓，自然也应有"上林三官"铸钱掺杂其中。近年有人曾对窦绾墓的年代提出质疑：二号墓（窦绾墓）出土的五铢钱均为郡国五铢钱，而刘胜墓中有"上林三官"五铢钱，最后根据五铢钱、墓葬形制、出土器物相比较，认为"窦绾葬于武帝元狩五年至元鼎四年二月（公元前118～前113年）之间，并略早于刘胜"。这和《满城汉墓发掘报告》提出的窦绾卒年大相迳庭[18]。《报告》则认为"二号墓中出土五铢钱应是元狩五年（公元前118年）以后至多不过十余年间所铸造"[19]。这当然包括"上林三官"钱在内，即两墓铜钱时代上没有更大的差异。提出质疑的人认为刘胜有"上林三官"钱一百六十八枚，钱文规矩，郭宽，"穿上横郭钱及六枚相同特点的穿下半星钱"，认为穿上横郭钱是"上林三官"五铢，或认为是"赤仄（侧）五铢"，并说窦绾墓的五铢钱"没有一枚是郭宽、细精之三官五铢，全部是郡国五铢，无一例外"[20]。而从《报告》发表的二号墓五铢钱拓片和统计资料看，二号墓一千八百九十枚铜钱中，有穿上横郭者九十九枚，而穿下半星者五枚，就是说二号墓铜钱中不能排除有"上林三官"五铢的可能，更不能把二号墓没有"上林三官"五铢作为断定二号墓时代早于一号墓的依据。笔者至今仍尊重原报告的结论[21]。

至于从二号墓的墓室结构、出土遗物和玉衣形制等，更无法否定窦绾墓晚于刘胜墓的结论。在二号墓内出土了"中山祠祀"封泥，为该墓的年代提供了下限。"祠祀"是"太常"的属官，掌宗庙礼仪。武帝太初元年（公元前104年）改"祠祀"为"庙祀"[22]，是窦绾下葬断在武帝太初元年更为"庙祀"之前的依据之一。《报告》认为：一、二号墓"两座墓都营建于西汉中期，前后相差不超过十年"是对的，即从公元前113年到公元前104年之间。另从墓室结构和两墓中随葬品的变化也可以看出，窦绾墓较刘胜墓为晚的情况。刘胜死后在陵山顶才建有"中山祠祀"，以应岁时祭祀。

窦绾死时用髹漆（棕褐色）嵌玉棺装殓，身着金缕玉衣，而未发现椁的痕迹。此点和刘胜用一棺一椁不同。从一般诸侯王、后墓发现情况看，用嵌玉漆棺装殓应属特殊葬例。身着金缕玉衣乃朝廷特赐，说明西汉前期诸侯王后死后也有用金缕玉衣为殓服的。

（三）一、二号墓室结构和出土遗物的比较

在墓室结构上，一、二号墓虽然相近，甚至平面布局二者都有相似的地方，但大小、容积是不相同的。一号墓全长51.7米，最宽处37.5米，最高处6.8米，容积约2700立方米；二号墓全长49.7米，最宽处65米，最高处7.9米，容积达3000立方米。这就可以看出二号墓比一号墓大。二者都有相当长的墓道、对称的南北耳室、巨大的中室（厅堂）和象征寝卧的后室。两者的布局是一致的。这种布局和同时期流行的一些崖洞式或竖穴土坑式诸侯王墓的平面布局大同小异。虽然是凿山为陵，但结构上还是表现出西汉中前期诸侯王墓的时代特色。如平面左右布置车马、庖厨，中间为厅堂；堂分左中右三路分别布置不同帷帐、生活器具、兵器，象征墓主生前宅院中的厅堂接待宴饮之所；后室则别开院落，象征内寝、浴室等。这在西汉中前期的大型王侯贵族墓已经形成了固定的模式与格局，并见于各地大型墓葬中。至于一、二号墓的不同处是后室的安排。前者安排在中室西面，室周设洞式回廊；后者则安排在中室南侧，无回廊。至于为什么这样安排，应与山体结构、崖石的劈裂程度和顶部承重，特别是陵山上以刘胜墓为主体的陵墓总体设计有着密切关系。从陵山上墓葬的分布[23]就可以看出，刘胜墓（M1）位于主峰略偏北，而窦绾墓则位刘胜墓的北侧（即左侧），恰好在刘胜墓的南侧（即右侧）还有

一座墓的位置[24]。由此可以看出，陵山墓地的主体选择在陵山主峰东侧斜面上。墓室的安排是诸侯王居中，左右为后妃墓。南侧山梁上为其家人和子孙墓。开凿时按事先设计好的蓝图进行，但具体开凿有先有后，这就牵涉到先后入葬的时间即卒年问题。发掘者认为："二号墓营建的时间可能稍晚于一号墓。在墓室结构方面，二号墓各室岩洞的顶部、周壁和底部的岩面一般都较平整，开凿的技术较高，可以明显地看出是在吸取一号墓的经验后凿成的。"[25]据分析两墓开凿的时间有可能一先一后，也有可能是同时进行。汉代皇帝、诸侯王贵族侈于厚葬，即位便开始营建寿陵。《汉书·武帝纪》载：建元二年（公元前139年）"初置茂陵邑"。应劭曰"武帝自作陵也"[26]。西汉前期帝、王崩薨，入葬时日皆短。文帝葬霸陵，"自崩至葬凡七日"[27]。景帝葬阳陵，"自崩至葬凡十日"[28]。武帝自崩至葬凡十八日。刘胜、窦绾入葬一先一后，相隔不足十年。他们自薨至葬的时日都不会太长，所以两墓在刘胜、窦绾在位时应已修建。刘胜在位四十二年之久，两陵都修建了相当长的时间。首先刘胜死时或者刘胜墓已经完成，窦绾墓仍在进行施工；或是两墓均已完成。否则根据惯例，短时间内无法入葬。从地位等级分析，刘胜墓先于窦绾墓是可能的。二号墓总体设计、平面布局较一号墓方正而科学。为了解决南耳室、主室岩洞裂缝渗水问题，在中室南北两侧最低处设置渗水井各一个；二号墓壁面平整、光滑，技术较进步；利用砖作为辅助材料在南耳室、中室建筑隔墙。一号墓中、后室瓦顶上曾出现的厚层的防潮积炭和草木灰，在二号墓中、后室瓦顶则不见了，室内地面铺了一层夯实的厚黄土层或用黄土筑成器物台。一号墓南北耳室、过道（前室）、中室都有巨大的木构瓦顶建筑，而二号墓只在中室筑有简单的木构瓦顶等。这些不同说明崖洞开凿的早晚不同，可能也有一些经济方面的因素。窦绾死时，刘胜已经死了数年，经济实力不如从前，所以洞室开凿后丧葬时有从简的可能，即二号墓洞室虽然开得很大，但洞内的建筑则有些简化了。其南、北耳室不做瓦顶就是明显的例子。

在随葬品方面反映得最为明显。不论是青铜器、陶器、车马、铁工具等，两墓在数量和质量上都有很大的变化。一号墓出土铜器六十四种四百一十九件，而二号墓为四十种一百八十八件。一号墓多大件礼器、生活实用器，如乳钉纹壶、蟠龙纹壶、鸟篆纹壶、链子壶、锺、钫、壶、鼎、镟、灯、错金博山炉、熏炉、羊尊灯、各种刻铭灯、甑、铞等，可谓件件都金碧辉煌，光彩夺目；而二号墓除长信宫灯、朱雀灯、蟠螭蕉叶纹壶等外，实用大件器少，壶、甑、钫等多为小件铜器模型，或一些后宫的器物珍玩。一号墓多兵器、铠甲、弩机、剑、镞，而二号墓少见或不见。在车马方面的变化最为明显。一号墓随葬车六辆，配置马十六匹；二号墓则随葬车四辆，配置马十三匹。车的质量配备后者不如前者。这些反映了二者之间的等级差别。在陶器方面，变化也尤为明显，可能有着时间上的差别。一号墓大型酒器、礼器、生活用具以泥质灰陶为主，在出土的五百四十九件陶器中泥质灰陶占96%，而陶器种类之多、制作之精为历来汉代贵族墓中所少见。陶器形制、种类和常山宪王刘舜墓出土陶器极为相似[29]。刘舜死于武帝元鼎三年（公元前114年），刘胜死于武帝元鼎四年（公元前113年）。两墓时间相近，又都属于诸侯王一级。随葬文物有诸多相同之处。论及陶器，刘舜墓也是泥质礼器为主，种类也基本相同。陵山二号墓即窦绾墓出土十八种四百二十六件陶器，其中以礼

器、生活用具为主，和一号墓比，不但种类少，器形也有很大
变化。它们以夹砂粗灰陶、夹砂粗红陶为主，泥质灰陶只一
种。夹砂粗灰陶多大颗粒石英砂，占陶器总数80％以上，其
次为夹砂粗红陶。窦绾墓中陶器和时代稍晚的定县三盘山
（122号）中山王家族墓出土陶器在器物形制、特点、种类，
特别是夹砂陶为主这一点都是相同的。这也是窦绾墓较刘胜墓
为晚的一个理由。如果用中山靖王刘胜和常山王刘舜二墓出土
铜器、陶器的相同风格和窦绾墓、三盘山墓及推断为中山康王
昆侈（死于征和三年，即公元前90年）的墓葬相比较，不难
看出刘胜、刘舜二墓时代相同，而窦绾墓与定县三盘山墓许多
特征相同，即窦绾应死于中山康王在位的第十年更符合实际情
况。陵山一、二号墓随葬大批陶器，从烧造技术之高、种类之
多、造型之美来分析，可以断言绝非当时满城（汉北平）当地
所烧造。它和墓内出土大量青铜器中有一部分为卢奴（今定
州）所制造是同一道理。中山王刘胜、常山王刘舜墓出土的陶
器风格相近，是因为中山、常山二诸侯国为近邻，同时与卢
奴、真定（东垣）相近。这包括制陶工匠的交流，出现了时代
相同、风格一致的情况。为什么窦绾墓陶器和三盘山中山王族
墓陶器风格相近？究其缘由，可能是二者时代晚于刘胜墓或为
卢奴不同窑口烧制所致。

　　刘胜、窦绾二墓出土的金、银、玉器也无法相比，这不只
是等级身份的不同，也反映出刘胜死后中山国的经济实力下
降。窦绾墓随葬品少，显得墓室空荡。这应是窦绾死时中山国
实力不济的一种表现。

（四）王、后的茔域择定及其特点

陵山一、二号汉墓从墓地即兆域的选择，以山为陵，建立寝园，设置祠庙，到陵山附近置"奉陵邑"以及巨大的陪陵墓（即附葬墓群），再加上中山王家族墓地，比较完整地反映了汉代诸侯王茔域的一般规律和特点。墓主人的葬制更是诸侯王、后葬俗的完整再现。

1. 墓地的择定和寝园制度

中山王、后的葬地陵山是在刘胜立王不久就选定的。刘胜以下各王也都有份地。

陵山为刘胜夫妇的茔域，其择定与它的山形有密切关系。陵山主峰顶部平坦，四面呈斜坡状，上小下大，如一覆斗。山本身就如一大坟丘。在陵山的前侧左右各有一小峰，形同双阙，顶部有西汉时期瓦片等证实曾有阙类建筑。刘胜作为第一代中山王，茔域广大宏伟。陵山山峰挺拔秀丽，高 235.8 米，面向东方，背倚太行，南清河，北徐水，主峰远在数十里外即可望见。它位于中山首府北一日之程（70 公里左右）。茔域的选择是十分理想的。刘胜以下哀、康、顷、宪、怀诸王另立茔域。按照《水经注》记载，诸王陵都分布在滱水（今唐河）的两岸。北岸有哀王昌、宪王福，南岸有康王昆侈、顷王辅、怀王修。滱水南即卢奴（今定州）。根据对定县三盘山、八角廊墓发掘证实，茔域选择的原则是在本国的首府附近，茔域各有份地，每茔域埋有其后、妃和子孙及家人。茔域之间的距离一般都在 3~5 公里之间。最远的是刘胜陵，距卢奴则为一日之程。东汉时期中山简王焉、穆王畅的陵墓也在滱水南岸的定州周围，形成了两汉延绵四百年的庞大墓群。

刘胜为第一代中山王，茔域则把整个陵山统辖在内，大小和曲阜九龙山西汉鲁孝王刘庆忌茔域[30]、河南永城芒砀山的保安山梁孝王茔域面积相当。近年发掘的河北获鹿高庄第一代常山王刘舜茔域规模都相当宏伟。当时诸侯王茔域都是按帝王茔域制度而择定的。

在陵山顶部平坦之地，设有祠庙。《后汉书·东海恭王彊传》中说"将作大将留起陵庙"[31]。《后汉书·安城孝侯赐传》中说"（光武）帝为营茔冢堂，起祠庙，置吏卒，如春陵孝陵"[32]。诸侯王死后于陵上立祠庙。《后汉书·百官志》记王国官属中有"祠祀长"一职，主祠祀。窦绾墓中出土"中山祠祀"封泥，证实西汉时期王国已设置此职。

诸侯王的陪陵制度也是当时的重要礼仪之一。武帝墓周围有李夫人、卫青、霍去病、霍光等功臣贵族墓作为陪葬。刘胜墓地在陵山上发现陪葬墓十八座，在陵山下也有一些大型汉墓，说明也遵从汉帝王的陪葬制度，将近臣、子孙等葬于他的寝园之内。对于陪葬近臣本人来说，这是一种荣誉。

2. 王、后的葬制及特点

作为一代诸侯王刘胜和王后窦绾，在葬制上有许多异同。两人为"同坟异藏"的夫妇并穴葬制。当时"同穴合葬"在西汉中前期尚未普遍，仍沿习先秦时期同坟异藏合葬制度。两墓均属崖洞墓而形制基本相同。为了防止后世被人盗掘，以"山石为椁"，即整个陵山形成一个完整的大椁室，墓门用铁水浇铸。这种以"山石为椁"的做法在西汉中前期诸侯王陵中比较普遍。刘胜、窦绾墓中的布局，则仍因循西汉前期贵族墓内的布置格局，分为内藏椁和外藏椁。刘胜、窦绾两墓都是按照正

藏椁（后室）和外藏椁（南北耳室、中室）布置的，仅没有
"黄肠题凑"。后室用石板砌筑，用以象征生前所居即"便房"，
其侧放"梓宫"即棺。惟二人葬制特点各有不同。

刘胜、窦绾墓的外藏椁基本相同，南北耳室分别置在车马
房、庖厨、过道、厅堂和文献记载中的外藏椁相一致，象征主
人生前出游狩猎、日常生活、宴饮活动之所。惟两墓车马制度
有别。至于两墓随葬品的悬殊，前已论述，不再另议。

综观刘胜、窦绾崖洞墓的布局，基本是从先秦以来特别是
西汉初年木椁墓的制度演变而来，特点是模仿木椁墓或黄肠题
凑，分内外两大部分：前面分三路表示车马、庖厨、厅堂，构
成外藏椁，后面主室表示"梓宫"便房。河北发现的西汉中前
期王侯墓，都是如此。这种制度一直延续到东汉的王侯贵族墓
中，虽仍名为正（内）藏椁、外藏椁，而墓室格局已经起了质
的变化。

注　释

[1]《汉书·百官公卿表》，中华书局标点本。

[2]《汉书·食货志》颜师古注："《周官》太府、玉府、内府、外府、泉府、天
　　府、职内、职宝、职币皆掌财、布之官，故云九府。"中华书局标点本。

[3] 同注 [1]。

[4]《汉书·霍光传》，中华书局标点本。

[5]《汉书·文帝纪》，中华书局标点本。

[6]《徐州北洞山西汉墓发掘简报》，《文物》1988 年第 2 期。

[7]《徐州狮子山汉楚王陵发掘获重大成果》，《中国文物报》1995 年 11 月 26 日。
　　《徐州狮子山兵马俑第一次发掘简报》，《文物》1986 年第 12 期。

[8]《徐州市驮篮山西汉墓》，《中国考古学年鉴》(1991)，文物出版社 1992 年
　　版。

［9］《铜山龟山二号西汉崖洞墓》，《考古学报》1985 年第 1 期。《铜山龟山二号西汉崖洞墓一文的重要补充》，《考古学报》1985 年第 3 期。《江苏铜山县龟山二号西汉崖洞墓材料的补充》，《考古》1992 年第 2 期。

［10］《徐州石桥汉墓清理报告》，《文物》1984 年第 11 期。

［11］李后山《汉梁孝王、王后车马坑发掘记》，《文物天地》1993 年第 1 期。《永城西汉梁国王陵与寝园》，中州古籍出版社 1996 年版。

［12］阎道衡《永城西汉梁国王壁画墓》，《中原文物》1990 年第 1 期。

［13］《河南永城芒砀山西汉梁国王陵的调查》，《华夏考古》1992 年第 3 期。阎道衡《永城僖山又发现一座汉玉衣墓》，《中国文物报》1995 年 9 月 24 日。

［14］《曲阜九龙山汉墓发掘简报》，《文物》1972 年第 5 期。

［15］《汉书·窦婴传》，中华书局标点本。

［16］《汉书·武帝纪》曰："元狩五年春三月……罢半两钱，行五铢钱。"中华书局标点本。

［17］《史记·平淮书》，中华书局标点本。

［18］李建丽、赵卫平《窦绾葬于何时》，《文物春秋》1991 年第 3 期。

［19］《满城汉墓发掘报告》，文物出版社 1980 年版。

［20］同注［19］。

［21］满城陵山一、二号墓出土铜钱应再进行一次全面的分析研究，分清哪是郡国铸五铢，哪是"上林三官"五铢，并在发表详细资料的基础上再行论定。

［22］《汉书·百官公卿表》曰："奉常，秦官，掌宗庙礼仪，有丞。景帝中六年更名太常。属官有太乐、太祝、大宰、太史、太卜、太医六令丞……景帝中六年更名太祝为祠祀，武帝太初元年更为庙祀。"

［23］《陵山地形及墓葬坑位图》，《满城汉墓发掘报告》图三，文物出版社 1980 年版。

［24］刘胜墓南侧尚有一王后墓的问题。经过 1968 年发掘完二号墓后进行试掘和后来保定市物探部门用科学仪器探测证实，山中有金属器等物，故推断有另一后妃墓的可能。

［25］《满城汉墓发掘报告·结语》，文物出版社 1980 年版。

［26］《汉书·武帝纪》，中华书局标点本。

［27］同注［5］。

［28］《汉书·景帝纪》，中华书局标点本。

［29］石家庄市文物保管所《河北获鹿高庄出土西汉常山国文物》，《考古》1994 年第 4 期。

［30］《曲阜九龙山汉墓发掘简报》，《文物》1972 年第 5 期。

［31］《后汉书·光武十王列传》，中华书局标点本。

［32］《后汉书·宗室四王三侯列传》，中华书局标点本。

八 高度发展的汉代物质文明

汉代在我国历史发展上是一个承前启后的时代，也是文化发展的辉煌时代。它上承殷周以来的传统，融春秋、战国文化成就为一体，下开汉唐文化之先河，创造了辉煌的汉代物质文明，推动了汉以后封建文化的高度发展。汉代是了不起的历史时代。从考古学的角度看，汉代也留下了众多的遗迹和遗物。满城中山靖王刘胜、王后窦绾墓出土珍贵文物达万余件，无论从数量上还是质量上，在已往所发掘的汉代贵族墓中都是极为罕见的，代表了西汉经过"文景之治"以后科学、文化、艺术的高度发展水平。这批珍贵文物是研究汉代社会经济发展的重要实物，反映了当时农业、手工业、科学技术等方面的发展情况。河北省汉代遗迹遗物十分丰富。冀中平原两汉时期郡国林立，田野纵横，人口稠密，在钜鹿、常山、清河、涿郡、渤海、广平、赵国、真定、中山、信都、河间、广阳等地都留下了大量的郡、县城址和墓群。仅中山国辖地内的满城东关、完县子城、蠡县、蠡吾镇、清苑壁阳城、望都东关八里庄、唐县、灌城、许王庄、黄家庄、定县城关附近、高阳旧城、无极县安卿古城附近等地，就发现汉墓群不下十余处，共计数百座。在这些大型汉墓中，两汉中山国贵族墓占了一定的比例。行唐、蠡县、定县、望都、满城都发现了汉中山国刘姓皇族墓，出土了许多珍贵文物。其中最能反映汉代高度发展的物质文明的当然是满城汉墓出土文物。迄今国内发现的两汉诸侯王墓中保存最为完整、出土文物最为丰富的无疑是满城汉墓。正因为如此，所以有必要把满城汉墓出土文物所反映的汉代经济发展情况，包括铁工具、金银器、青铜器、货币铸造和制陶业的研究成果，综合论述如下：

（一）铁工具的广泛使用

满城汉墓出土文物和华北各地西汉墓出土文物有许多共性，除了一些带有"中山内府"等铭文的器物能说明是汉中山国铸造，其他一些文物很难说出哪是带有汉中山国特点的东西。这些说明西汉时期北方封建经济的发展，使物质文化方面趋向统一。中山国的农业也向北方其他郡国一样，经过"文景之治"以后发展很快。虽然《史记·货殖列传》说"中山地薄人众"，而实际地处华北平原，较之燕、代山区富裕得多。在中山国所辖几处城址都出土了大量的铁农具，如唐县灌城、曲阳党城、保定壁阳城[1]都出土了一些铁农具。仅满城汉墓就出土了数十件铁农具[2]，其中有方銎楔形镢十七件、方裤铲七件、二齿耙一件、三齿耙一件、大型犁铧一件。这些铁农具在当时河北各地已普遍使用。兴隆大付将沟战国铁范遗址出土了斧（镢）、镰、锄、凿、车具范[3]，磁县讲武城出土了镢、耙、铧、锄、铲等。当时铁农具种类繁多，广泛使用于翻土、耕种、除草、收割各方面[4]。满城汉墓出土的大型犁铧，呈三角形，弧刃，中部起脊，三角形銎。脊长 32.5 厘米，底长 21 厘米，宽 30 厘米，重 3.25 公斤。这种大型犁铧，适用于牛耕。当时牛耕的形式为二牛抬杠和一人扶犁驱牛。同样形制的大犁铧在河北许多汉代城址中均有出土。在满城汉墓中还出土了镢内范十一件，锄内范八件，有的为范具残件。镢范形制和兴隆镢内范相同，铁口锄为"锸"形。这些农具一部分是开凿洞室所用，有的则为浇铸墓门铁壁所用或未用的残件。据《汉书·食货志》载"种谷必杂五种，以备灾害"。师古曰"种即五谷，黍、稷、麻、麦、豆也"，"粟，稷也"[5]。实际在北方这几种谷物种子大都已有考古发现。粟在河北种植已有七千多年的历史，磁山遗址发现大量粟种[6]。在满城一号墓大陶缸上有朱书"黍上尊酒十五石"、"稻酒十一石"。二号墓陶缸上有"稻酒十一石"，如今陶缸内壁上仍遗留有酒的沉淀物，实证中山国已盛产黍、稻，并用以酿酒。在一、二号墓的陶壶中发现有大量粮食作物的残渣。在陶瓮中还发现了大量食用的动物骨骼，经鉴定有草兔(蒙古兔)、岩松鼠、社鼠、褐家鼠(大家鼠)、大仓鼠、黄鼠(黄鼠狼)，还有一些鱼的骨骼。在讲武城发现的汉代陶罐内装满了可能是食用的油[7]。

当时的农作物加工工具已很发达。赵县各子村汉墓中出土了陶碓，武邑中角汉墓(M4)出土干磨模型[8]，一些汉代城址中还发现石磨。满城石磨上扇有左右对称半月型的凹槽和磨孔，下扇与上扇相对，中为轴，周列磨齿，磨下有大型铜漏斗，漏斗下经复原是用四足磨架支撑，磨盘上扇左右凿方孔以缚架杆。磨下有接湿浆用的陶盆。磨旁还杀殉一头拉磨用的马[9]。这种上扇磨顶有半月型凹槽、下有大型漏斗的石磨属于水磨，是专门磨豆、米、麦浆用的，而非干磨。武邑中角村陶磨模型属于干磨，其形制与满城水磨基本相同，惟用途不同。此磨上下两扇，但下扇磨的周围有圆型磨盘，磨盘周为凹槽显系磨下的面粉落入凹槽之中后再收取，可能属于干磨。满城石磨磨齿为小的长方形或椭圆形小坑点，而武邑中角村陶磨磨齿为环列的斜齿状，应是二者用途不同所致。

汉代齿轮已制成使用。保定壁阳城、唐县灌城、易县东古城、磁县下潘汪等汉代古城和遗址中都发现了铁齿轮。其形制大小相近，说明当时一些郡县农业和手工业比较发达，可能在某些工具上，如灌溉水车或风车等已经运用了简单的机械原理[10]。在河北各地普遍发现了汉代水井。在保定西郊基建工程中，冀东的丰润和围绕中山首府卢奴（定州市）、唐县、曲阳，冀南的邯郸、磁县、讲武城等地都出土过陶井圈。它们大都属西汉时期，可证当时华北平原水利灌溉亦有相当的发展。时代较晚的汉墓中，如望都一、二号汉墓，安国、沧县、定县、唐县的一些大型东汉墓中，都普遍出现了各种井亭模型。随着农业的发展，家畜、家禽也发展起来。西汉墓中少见的各种家畜如马、牛、羊、猪、狗，家禽如鸡、鸭，各种存贮粮食的陶仓等模型也普遍出现，反映了汉代农业经济的发展。

总之，墓中出土的有关农业的资料反映了西汉以来农业经济有很大的发展。除延用战国时期的镰、锄、铲等农具外，出现了战国时期未曾有的大型犁铧、耙和铁齿轮等新型工具和简单机械。随着各郡国铁官的设置和冶铁业的官营以及矿山的大量开采，使铸造大型农业工具成为可能。由于铁农具的不断革新以及西汉"文景之治"以后农业上从整地、播种、中耕、灌溉、收获、粮食加工都普遍地使用铁农具，从而大大推动了当时农业经济的发展，也奠定了汉代经济发展的基础。

（二）冶炼业的发展

铁制生产工具的改进、青铜工艺的极大进步都和冶炼业的发展分不开。河北是古代冶炼业比较发达的地区之一，特别是战国以后发展很快。据《汉书·地理志》记载，中山国的北平、常山国的蒲吾与都乡、南面魏郡的武安、北面的涿郡与渔阳等均设有铁官，以司鼓铸。中山的北平、常山蒲吾与都乡都是临近的设有铁官的鼓铸中心，可以认为汉中山国用铁可能依赖于这几个地方。在兴隆寿王坟发现了西汉初年的铜矿冶炼遗址，规模很大，包括矿坑、选矿场、冶炼厂和居住遗址四部分，还发现了冶炼出来的铜锭。在内邱西竖、沙河綦村发现了大面积的冶铁遗址和矿坑。在中山国境内目前虽没有发现铁、铜矿坑和冶炼遗址，但出土的铁器和铜器的铸造都已达到相当高的水平。就满城汉墓而言，出土铁器除镢、铲、耙、犁等农具外，还有铁暖炉、兵器（如剑、匕首、刀、戟、矛、铤、弓敝、镞、铠甲）和各种车马器等。这说明汉武帝时期铁和钢的使用已经很广泛。对满城一、二号墓出土二十八件铁器标本进行金相学、电子显微镜、X射线、电子探针等方法分析，出土的铁犁铧（2：01）铸件为灰口铁和麻口铁混合组织，铧的尖端为麻口铁；铁铲（2：003）、铁镢（1：4397）为可锻铸铁；铁镢（1：4333）为麻口铁；铁范（2：0010）为白口铁；锄内范（2：3118）、车铜（2：2046）为灰口铁；锄范（2：3077）为共晶白口铸铁；锄内范（2：4073）为灰口铸铁；铁炉（1：3504）为块炼铁锻造成形；錾（2：3097）为低碳钢，其刃部经过冷锻，硬度较錾身为高；铁镞（1：4382a）为中碳钢；铁镞（1：4382c）为铸铁固体脱碳钢，是我国目前发现的最早的固体脱碳钢；钢剑、错金书刀、佩剑、戟基本都是低碳钢和高碳钢反复加热锻打，最后局部淬火处理而成。

上述介绍的一些情况表明，中山靖王与王后陵出土文物中不仅有工艺水平较高的熟铁、白口铁、可锻铸铁、麻口铁，而且还有百炼钢的雏型产品以及我国目前发现的最早的铸铁固体脱碳钢和灰口铁铸件，同时热处理的工艺水平也很高。这标志着西汉时期我国铸铁炼钢技术有了一个新的较大的发展[11]。

刘胜身上的佩剑（1:5105）等，经过有关部门的鉴定，属于百炼钢的性质。所谓百炼钢就是使铁经过熊熊烈火的烧炼，再经过反复的锻打所取得的优质钢。钢和铁的主要区别是含碳量的多少不同。钢的含碳量范围为0.02%至2%，含碳量超过钢者叫生铁，纯铁或含碳量极低者叫熟铁。用熟铁渗碳或生铁脱碳的办法都能得到钢。这次在刘胜墓中发现的铁剑属于百炼钢的雏型，也可以说是我国冶金史上从战国末到西汉中期这一阶段的一个飞跃。过去在河北燕下都出土的战国晚期铁兵器，经过鉴定，是用块炼铁加热渗碳而取得的所谓块炼渗碳钢刘胜墓出土短剑相比，燕下都的钢剑有明显的分层和折叠痕迹，含碳不均匀，杂质也较多。这是由于锻打不够所致[12]。刘胜墓的铁佩剑等武器，以块炼铁为原料，反复在木炭中加热渗碳，折叠锻打。由于温度高，渗碳快，反复锻打的次数多，碳的分布均匀，使得剑脊具有较好的韧性，剑刃则因为最后渗碳而锋利，有利于刺杀。这些进步的特点在战国时期燕下都出土的一些铁剑中是找不到的。所以，西汉中期是我国冶金史上进步和发展的重要历史阶段。刘胜墓中的百炼钢正是这一历史阶段的代表作。

淬火技术，从战国时期就已经开始了。它是为了提高武器的锋利程度而采取的一种热处理技术。《汉书·王褒传》中有"清水淬其锋"。《说文》曰"淬，坚刀刃也"。河北易县燕下都四十四号墓出土的一些钢剑等兵器，都是经过淬火热处理的。

刘胜墓中出土的大部分武器如刀、戟、短剑等，也都是经过淬火热处理的。削竹木简用的小刀的刀身用含碳较低的钢锻成，硬度较低，易于刻槽嵌金丝，而刃部渗碳淬火，坚硬锋利，表面美观而实用。这些铁兵器和工具充分反映了西汉时期我国冶铁技术发展的水平。

北京钢铁学院金相实验室对刘胜、窦绾墓出土二十余件铁器的显微镜分析以及提出的金相学分析报告，说明汉武帝时期铁和钢的使用范围已经非常广泛，从农具、手工业工具、交通工具到兵器等都已广泛地使用了铁和钢，特别是箭镞也是用中碳钢和低碳钢制造的。这说明当时的生产已达到相当的规模，在钢铁热处理技术上有很大的发展。

西汉时期的铸铁生产已经有了灰口铁。如车䴔、锄、镢内范使用了珠光体基的灰口铸铁，铁犁铧为灰口铁和麻口铁的混合组织。它们都采用了可锻化热处理，得到珠光体—铁素体可锻铸铁。

炼钢上出现了反复锻造、改善均匀度、提高钢材质量的新工艺。战国末期使用的是块炼渗碳钢，即块炼法得到的海绵铁经过锻打，渗碳，并锻接而成。其锻打次数少，钢件断面上高碳和低碳分层显著，可以看到折叠的层次。易县燕下都出土的战国晚期兵器就是用块炼铁加热渗碳而取得的所谓块炼渗碳钢。刘胜佩剑、钢剑和错金书刀在材质上与战国晚期并没有区别，仍为块炼渗碳钢。它们都有大块的以氧化铁为主的共晶型非金属夹杂物。但是，西汉中期钢材的共晶夹杂物尺寸普遍减小，数量减少，有的钢件非金属夹杂物很少，这是其特点之一。第二个特点是高碳层和低碳层之间含碳量差别减小，组织比较均匀。第三个特点是断面上高碳和低碳层的层次增多，层间厚度减薄。上述特点说明是经过反复锻打的结果。由于反复折叠锻打，碳的扩散较为充分，断面上的组织也较均匀。这正是向东汉时期普遍出现的百炼钢逐步发展的标志。

　　另一种就是铸铁固体脱碳钢的出现。这种制钢工艺是将生铁（含碳约 4%）加热到一定温度，在固体状态下进行比较完全的氧化，使碳降低，得到高碳、中碳以及低碳钢。这种方法称为铸铁固体脱碳成钢法。这是我国脱碳工艺的发展。这种利用铸铁有利因素、利用热处理工艺发展成的一种新的制钢方法，是我国古代劳动人民在冶金技术发展方面的新贡献。我国是世界上最早利用生铁为原料制造固体脱碳钢的国家。满城汉墓固体脱碳钢的发现，把这种制造方法的出现年代提早到了公元前 2 世纪末叶。

　　西汉时期热处理技术发展较快，淬火工艺出现了局部淬火的新技术，使刀和剑的刃部局部淬火得到高硬度，而刀背和剑脊仍保持较高的韧性，使其刚柔结合，并保持了刀、剑等兵器整体所必须的韧性。

（三）金、银、铜器和郡国货币的铸造与研究

　　汉代金、银器制作较之战国有了很大的发展，已能够用贵金属制作较大件器物。一、二号墓出土的金缕玉衣，刘胜玉衣用金丝 1100 克，由二千四百九十八块玉片组成；窦绾玉衣用金丝 700 克，由二千一百六十块玉片组成。除窦绾玉衣前后胸为粘贴外，玉片基本由粗细不等的金线联缀而成为一整体。金丝的加工工艺极为科学。以刘胜玉衣为例，经过有关部门检验，其含金量为 96%。X 射线分析和显微镜测定金丝直径为

0.14 毫米。金丝是采用拔制的方法，用小变形量、多道次及多次中间退火的方法产生[13]。金丝是根据玉衣上玉片的大小编织要求，一般剪成长 4～5 厘米，粗细不一。上衣采用的金丝粗，金丝直径 0.5 毫米。裤筒上金丝呈扁条状，有的则为金片上剪下来的细条，两头搓尖。还有一种是用厚仅 0.1～0.2 毫米薄金片剪成 0.1～0.2 毫米粗细长条拧成麻花状的金丝，显示出两千年前匠人在抽拔金丝和捶打金片方面的高度技艺。在一号墓中出土了一些很薄的金箔片，它们包在铁刀、剑的环首、鞘和漆奁上。这些金片经 X 射线分析，金片厚度一般为 0.15 毫米，最厚为 0.24 毫米。金片为锤锻生产的，普遍采用了中间和成品退火工艺[14]。墓中出土金带铐、金饰、金叶和医学用的金医针、银医针、银盒、银漏斗形器、银箸等，都是研究汉代服饰、风俗、医学、医疗用具的珍贵资料（前章已叙及，不赘）。此外，还有银带铐、银饰、银祖、银镞等。银镞出土六十二件。其中（1:4265）经化学定量分析、金相分析和光谱定性分析，成分为银 66%、铜 27.8%、锡与铅各 2.5%，合计 98.8%，具有银铜共晶组织的最低溶点。这说明当时银铜合金铸造利器已经发展到较高水平[15]。

在满城汉墓中出土了大量青铜器，一些铜器造型精美、花纹富丽、工艺水平极高，两墓共出六百余件。从铭文分析，一、二号墓中出土的青铜器大体有三个来源。铜器的第一个来源是属皇家宫廷御用之物，后通过某种途径转入中山王府。如乳钉纹壶，器底铭文有"长乐食官"等铭文，分析该壶曾一度为朝廷长乐宫中之物。蟠龙纹壶器底有"楚大官"等铭，证明该壶曾为楚元王刘交家物，刘交孙子参与"七国之乱"赐死后被朝廷没收，后转赐给刘胜。长信宫灯从其铭文"长信尚浴"、

"阳信家"等铭文分析，此灯原为"阳信夷侯刘揭"家物。阳信夷侯国除后，灯收入少府，后转入长信宫尚浴府使用。又由窦太后赐赠给窦绾。一些铜灯的盘壁刻重量、年号和"锺官造"、"宦者"铭。据《汉书·百官公卿表》载："锺官"属水衡都尉，"宦者"属内府，灯为朝廷所造。另外还有一些精美铜器虽未刻铭文，如错金博山炉，但必为宫廷所出。与玉衣配套之兽首鎏金嵌玉铜枕为朝廷颁赐无疑。铜器的第二个来源是中山国购自外地。如墓中出土铜铞有"中郎柳买洛阳"是买自洛阳。又"郎中定市河东"是"郎中定"从河东（今山西夏县）购入。可能还有一些铜器未载出处，也难说不是自外地购入。铜器的第三个来源主要是中山国自行制造。中山首府卢奴，战国称顾，中山武公所都，历史上就是一个手工业中心。在铜器中有许多标明铜器的铸造机构、重量、容积、年月、制造者姓名和制造地点。其中"中山内府"、"宦者"、"卢奴造"说明卢奴能自行制造精美的青铜器，并为王家所用。河北各郡国记载中多不产铜。考古发现兴隆深山区寿王坟西汉早期已成为大型铜冶基地，应该有铜官管辖，其汉时属右北平郡，出产编号的成型铜锭以供外运。北方郡国用铜，包括中山在内，可能多源于此。中山未见铜冶，但卢奴利用成形铜锭来鼓铸作器，似无问题。何况中山之卢奴、燕之蓟与渔阳、赵之邯郸，自战国以来冶炼业就很发达。如燕下都、平山三汲、中山灵寿故城、邯郸赵故城多发现大量青铜器和钱币。战国中山王䶵墓出土大型青铜器，如"山"形器、九鼎、各种礼器、错金银器等，是因为当时冶铸青铜技术已达到相当高水平。由于有着良好的鼓铸大型青铜器和钱币的技术基础，铸用器物，甚至造型加工时精雕细刻成为可能，况且优秀工匠也不在少数。如一号墓鎏金铜镂为中山内府三十九年九月乙酉"工丙造",工丙为造器者姓名。又鎏金铜瓴上刻作器者"赵献"名字,都是当时的名匠。除中山外,当时河北的常山、赵国等都能自行铸造青铜器。如常山王刘舜墓出土"常山"铭铜匜,常山"食官"铭鼎,"常山食官锺"等[16]。

满城一、二号墓出土青铜器的铸造工艺十分讲究,较之战国又前进了一步。一号墓出土铜器六十余种四百余件,包括各种生活用具和兵器。绝大部分造型精美,纹饰华丽。多数采用鎏金银、错金银和镶嵌玛瑙、松石、玉、琉璃等工艺。多数器物以模铸为主,少数器物捶鍱而成。一件件绚丽夺目,金碧辉煌,充分反映了皇家气派。如乳钉纹嵌琉璃铜壶(1:5019),壶口部圈足上饰鎏金宽带纹,而肩腹饰鎏银宽带纹,通体镶嵌银乳钉,盖面、壶身镶嵌绿琉璃,造型别致,工艺水平极高。据传,过去洛阳出土过一件[17]。此为国内仅见。又如蟠龙纹壶(1:5014),通体鎏金银,口部以下作卷云、三角纹带,腹部为四龙蟠绕,盖面饰飞凤,通体金银相映,光彩照人。鸟篆文壶(1:5015、1:5018),通身用粗细金丝错出鸟篆文吉祥语和动物纹带。错金博山炉(1:5182),盖似博山,炉身的盘和座用铁钉分别铆合,通体用粗细金线错出花纹。座柄作龙腾出水,炉盘流云舒畅,炉盖则博山起伏,层峦叠翠,山树隐没,虎、豹、猕猴活动其间,又有猎人追逐狩猎场面。用错金艺术表现在炉盖之上,可谓巧夺天工,自然逼真。炉盘中为一左手降虎、右手托炉的半裸力士。它与造型精美的鎏金长信宫灯(2:4035)、朱雀灯(2:3102)、羊尊灯(1:5181)、三足空心式灯(1:5117)、当户灯(1:4112)以及各种形式的熏炉、鼎、壶、杯等都是不可多得的珍贵器物。玉、石、玛瑙和青铜结合，并镶嵌在一起，过去很少见。除一、二号墓鎏金嵌玉铜枕外，还有朱雀衔环杯（2：3032），通体错金，由朱雀衔环和两杯组成，杯身镶嵌松石；铜豹（2：3056），通体错金银，二目镶嵌白玛瑙；一些仪仗顶饰镶玉（1：4012）、镶嵌红玛瑙（1：4091）或镶嵌玛瑙、绿松石（1：4092）等。两墓出土铜车马饰，除绝大部分鎏金外，还有部分车器错金银花纹，如承弓器（1：2248、1：2249）以金银丝错出云雷纹和兽首纹，造型精巧，堪称汉代工艺珍品。铜当卢（1：2250），马面形，鎏金，表面刻出怪兽、鸟形和勾连云纹图案。一衔镳上也错出云纹图案。总之，满城汉墓出土的青铜器，集西汉时期青铜铸造工艺之大成，充分反映了当时匠人的艺术创造才能，也是汉代物质文化发展的顶峰。在青铜冶炼技术上，经电子探针检查、光谱定性分析或络合滴定法定量分析，总的看来，两座墓出土的铜器是以铜、锡、铅为主的青铜器。其中三十件铜器平均含量为铜81.82％、锡8.99％、铅5.83％、锌0.17％、铁0.28％。根据对十件青铜器定量分析的结果来看，各类器（如镞、剑、戈）所含的铜、锡成分比例大体上是合《周礼·考工记》所举的“金有六齐”的规定顺序增减的。铜合金中锡量相应减少，可能具有时代意义，说明古代劳动人民对铜合金的性能有了充分的了解，积累了丰富的经验，可以根据器物的用途、性能不同，改变铜与锡的比例。铜镞曾用含铬化合物进行表面处理，防腐工艺已达到非常先进的水平[18]。

在满城一、二号汉墓中出土了大量的五铢钱。一号墓出土二千三百一十六枚，分别放置于中室和后室。其中二千零三十四枚堆放在中室，另二百七十七枚与四十枚金饼一同装于漆盒中，置于后室死者头部。发掘者把它们分为三型。据蒋若是先

生研究"论证中室和后室为两种不同性质的钱币，即中室堆放
者主要为当时现行之郡国五铢钱，后室与金饼同出之五铢钱则
主要为'充赋及给官用'之赤仄钱。《汉书·武帝纪》载：元
狩五年（公元前118年）罢'半两钱，行五铢钱'。《史记·平
准书》中说'乃更请诸郡国铸五铢钱'。刘胜墓中室所出大量
五铢钱有可能为中山国自行铸造。钱型中'穿上三角'、'穿下
半月'、'穿上一横'、'穿下一横'的特征，多见于郡国钱和郡
国钱范。刘胜墓后室出土赤仄五铢，记载铸于元鼎二年（公元
前115年），是出自朝廷的官铸钱，并非社会流通用钱，而是
'充赋及给官用'的官用钱，钱多藏官府。此钱'钱型精整，
字文统一，笔画娟秀，铜色殷赤'。刘胜为中山靖王，'生为所
敛，死为所藏'，所以随葬于后室之中。刘胜死于武帝元鼎四
年（公元前113年），正是施行和流通郡国五铢和赤仄五铢的
时期"[19]。《汉书·食货志》说："元鼎四年悉禁郡国毋铸钱，
专令上林三官铸。"这些铜钱正是元鼎四年（公元前113年）
前所铸。根据对一号墓中出土十六枚五铢钱的化学成分分析，
平均含量为铜81.2%、锡3.39%、铅11.36%、锌0.40%、
铁0.81%。十六枚五铢钱有十一枚化学成分是均匀的，另外
的五枚化学成分不均匀。这些不均匀的铸钱正是元鼎四年以前
郡国所铸造。满城汉墓所出郡国铸五铢钱，反映中山国不但能
冶铜铸器，也可鼓铸钱币。武帝元鼎四年以前是否所有郡国都
有能力自行铸钱，史无明文记载。就目前而言，考古上郡国铸
钱范发现不多，仅就西汉中山国而言，没有发现钱范。在石家
庄市曾出土两件五铢铜钱范，范背有弓形柄。它们分大小两
种，大者一次铸十六枚，小者一次铸十四枚。钱体规范，铭文
秀丽工整。据初步分析，钱范有可能是西汉郡国五铢钱用的钱

范。西汉时期石家庄市初属常山国，不久改为真定国，分析钱范为常山王刘舜时期的。刘舜死于武帝元鼎三年（公元前114年），正是郡国行铸五铢钱时期[20]。

（四）制陶业的进步

西汉墓中出土的陶器，较战国有很大的进步。少见或不见战国墓中常见的配套陶礼器。陶器向着生活用具的方面发展，品种变化异常丰富。不但器物种类繁多，而且造型精美，制作精良，出现了彩绘、挂陶衣、仿漆器等多种形制，人俑模型开始出现。一直到西汉晚期，墓中仍不见或少见家禽动物模型。至于釉陶则是东汉才大量出现的。满城一、二号墓出土陶器近千件，种类是杯、壶、罐、瓶、缸、盆、钵、奁、鼎、釜、甑、盒、盘、匝、耳杯、卮、灯等数十种。陶器种类之多、器形之丰富，堪称汉墓出土陶器之冠。一号墓庖厨库之陶器层层叠摞，堆积如山，令人叹为观止。两墓陶器均年代明确，造型标准，可为汉代陶器断代的标本。一、二号墓中的陶器制作有很大的不同，从陶器用料、造型、制作方法、器物上的彩绘花纹，一看就知道不是一个窑口的产品，有着明显的不同风格。

一号墓陶器以泥质灰陶器为主，占全部陶器的96％。在五百四十九件陶器中夹砂灰陶仅十三件。泥质灰陶做工非常精细，陶质细腻，火候充足。大部分陶器为轮制，成品造型准确，棱角分明，实为西汉陶器的标准器。一号墓中朱绘和彩绘陶约占总数的五分之三。钵、匝、耳杯衬以朱地，壶、鼎、盆、盘、卮则以红、蓝、白为主彩绘，衬以朱地或黑地。如壶颈部黑地绘三角图案，勾连云纹，肩腹绘对角云、菱纹，足绘弦纹。匜则外黑里朱，口外朱绘对角云菱纹。彩绘盘一般朱里或黑里，自内而外分三组，中心绘蓝色或变形夔龙和勾连云纹，中间绘朱色弦齿纹，外周绘朱色弦纹加雷纹。其他如卮、耳杯皆绘彩如新，十分美观。

二号墓陶器则与前者不同，总的器形是接近的，但一般制作粗糙，造型也较简单。以夹砂粗灰陶、夹砂红陶为主，而泥质灰陶只一件。夹砂陶中掺砂量多，颗粒大，火候高，质地坚硬。器形有壶、罐、缸、钵、釜、甑、匜、耳杯、卮、碗、灯、盆、钫等，占陶器总数 80％以上。制法上以轮制为主，少数为模制。其中彩绘陶有盆、盒、匜、鼎盖等，彩绘内容和一号墓不同。以十二件彩绘盆为上等，犹如一幅幅美丽的图案，皆以黑色涂地，再用红、白、蓝等色在盆的中心描绘出不同的花纹，有鹭鸶、云气、游鱼等，十分生动。此外，在匜、盆上也绘有成组的变体云纹等图案。

总之，两墓中陶器烧制、造型、彩绘等不同，反映出它们并非是一地窑口所烧制。一、二号墓入葬年代前后相差十年左右，但陶器却有如此大悬殊，很值得研究者注意。类似刘胜墓陶器风格的有汉常山王刘舜墓（公元前 114 年）所出大批陶器，其数量之多绝不逊于刘胜墓[21]。刘舜墓陶器也是以泥质灰陶为主的，许多器物造型和风格如大型带盖方陶缸、鼎、壶、钫、盘、匜、盆、耳杯等也是相同的。两墓入葬时代仅差一年，代表了汉武帝前期殉葬礼器、冥器的一些时代风格和特点。目前河北地区西汉中前期大型而又集中的陶器群就是以常山王刘舜和中山靖王刘胜墓出土陶器为代表。因为再也没有像这两座墓中陶器如此之多、内容如此之丰富了。窦绾墓的陶器从风格上观察，时代稍晚。定县三盘山中山王、后墓出土的陶器，以夹砂灰陶为主，其中壶、瓮、盆、盘、钫、盒、甑、杯等与满城二号墓陶器器形是接近的。与西汉晚期中山怀王刘修墓（公元前55年）出土陶器相比，显然刘修墓中的陶器变化极大。其器形虽仍以鼎、豆、罐、壶、盘、匜、盆、碗、甑、耳杯等十余种为主，但和武帝时期的刘胜、窦绾、刘舜墓截然不同。尽管器物的造型、种类都有变化，但仍不见釉陶出现，更不见家畜、家禽、陶楼、井亭、猪圈等模型出现。从满城一、二号墓一些缸、瓮、壶中发现的食物残渣、动物骨骼分析，有的可能是实用陶器。如大型方陶缸，器壁厚而坚实，制造规范，内有酿酒的残渣，而且注明酒种、容积，显然不是冥器而是实用器。其他如盛液体的大陶壶、陶瓮等也不似冥器。这和其他汉墓出土的冥器陶质粗劣，有的则一触即碎者显然不同。

由于在河北已经发现了一批西汉时期的王侯墓，墓中出土大量陶器，从而为西汉陶器断代打下了基础，使这一时期的陶器按时代分期已成为可能。

注　释

[1]《河北三十年来的考古工作》，《文物考古工作三十年》，文物出版社出版。

[2]《满城汉墓发掘报告》，文物出版社1980年版。卢兆荫等《满城汉墓农具刍议》，《农业考古》1982年第1期。

[3] 郑绍宗《热河兴隆发现的战国生产工具铸范》，《考古通讯》1956年第1期。

[4] 河北省文物管理委员会《河北磁县讲武城调查简报》，《考古》1959年第7期。

[5]《齐民要术·种谷》第三，《百子全书》，岳麓书社出版。

[6] 河北省文物管理处、邯郸市文物保管所《河北武安磁山遗址》，《考古学报》1981年第3期。

［7］此未作过专门报道。

［8］河北省文物研究所《武邑中角村汉墓群 4 号墓发掘报告》，《河北省考古文集》，东方出版社 1998 年版。

［9］卢兆荫等《满城汉墓农具刍议》，《农业考古》1982 年第 1 期。

［10］《河北出土文物选集》图版 207，文物出版社 1980 年版。

［11］《满城汉墓发掘报告》附录三，文物出版社 1980 年版。

［12］河北省文物管理处《河北易县燕下都 44 号墓发掘报告》，《考古》1975 年第 4 期。

［13］《满城汉墓发掘报告》附录一、八，文物出版社 1980 年版。

［14］《满城汉墓发掘报告》附录八，文物出版社 1980 年版。

［15］《满城汉墓发掘报告》附录四、表三，文物出版社 1980 年版。

［16］石家庄市文管所《河北获鹿高庄出土西汉常山国文物》，《考古》1994 年第 4 期。

［17］梅原末治《洛阳金村古墓聚英》（日文）第 22 页、图版 18。

［18］《满城汉墓发掘报告》附录四，文物出版社 1980 年版。

［19］蒋若是《西汉五铢钱类型集证》（讲稿），1990 年 4 月油印本。

［20］《河北出土文物选集》图版 250，文物出版社 1980 年版。

［21］常山王刘舜墓只发过一条报道，而正式发掘报告尚未发表。发掘期间，笔者曾数次到工地，知道一些实际情况。

九

结束语

满城陵山汉墓的发掘，是我国建国以来的重大考古发现之一。根据一号墓内出土文物中多带有"中山内府"和纪年铭的青铜器以及二号墓出土的"中山内府"铭铜器、"中山祠祀"封泥、"窦绾"铜印，再加上两墓死者均身着"金缕玉衣"等特征分析，一号墓应为死于汉武帝元鼎四年（公元前113年）的中山靖王刘胜的陵墓。刘胜在位四十二年。二号墓为刘胜妻窦绾墓。窦绾，字"君须"，可能是景帝之母窦太后的娘家人，约葬于武帝元狩五年（公元前118年）至太初元年（公元前104年）的十余年间。此外，根据调查，在满城陵山南面山梁尚有刘胜的家人及其子孙的陪葬墓十八座。一、二号墓由于是诸侯王、后一级的墓葬，规模宏大，气势雄伟，非一般墓葬可比。两墓皆效仿文帝霸陵之制，凿山为陵，同坟异穴，墓室结构宏伟，洞室内原有木构梁架建筑，内外藏椁十分讲究，宛如地下宫殿。两墓共出土文物一万余件，可谓集汉代工艺珍品之大成。对于墓葬形制、出土文物已有发掘报告进行了详尽报道[1]。为了使满城汉墓的宣传、研究更深入一步，笔者又撰写了本书。除了介绍满城两座墓中的重要发现，对一些在汉墓研究中提出和引伸的问题又作了深入的研究。重点涉及到以下问题：西汉中山国的历史背景，汉中山诸王陵与刘胜家族的盛衰，满城陵山的历史地理环境，中山靖王刘胜墓的发掘清理，窦绾墓的发掘清理，刘胜、窦绾墓出土珍贵文物的研究，确定陵山一、二号汉墓墓主人身份的主要依据以及出土文物反映的高度发展的汉代物质文明等。这些问题当然还不能概括满城汉墓研究的全部内容，但问题的涉及面是比较广泛的，应会引起读者的兴趣。

西汉中山立国，从景帝前元三年（公元前154年）立靖王刘胜为中山王起，历经十王，到末代王刘成都于汉孺子婴初始元年（公元8年）国除，前后经过一百六十二年（其间有几代王断嗣）。目前除了已发掘的第一代中山王刘胜及其妻窦绾墓，在定州城关附近又发现了三盘山传为中山康王昆侈（公元前110～前90年）及其家族墓、八角廊怀王刘修（公元前69～前55年）墓、行唐北高里中山王家族墓等。其余如哀王昌（公元前112～前111年）、顷王辅（公元前89～前87年）、宪王福（公元前86～前70年）、孝王兴（公元前23～前8年）也都据《水经注》记载作了推断。其中哀王竟为宣帝子，陪葬杜陵。箕子立为平帝，葬康陵。刘成都在王莽称帝后被贬为公。三人应不葬在中山国。这样中山国范围内至少还有四王及王后陵未发掘。这几座陵墓就在定州附近。

全国已发掘的两汉诸侯王、后陵墓大约为四十余座。汉的梁、楚、长沙、鲁、常山、中山、广阳、南越等地都发现了规模宏大的墓葬，其中有的不亚于满城一、二号墓，但多被盗掘。保存完整者只有满城一、二号墓和南越王赵眜墓。在北方仅河北一地发现的两汉诸侯王墓就有十来座，其中西汉中山王、后陵就有八座。对它们进行综合研究，将会发现一系列的演变规律。例如，墓葬形制的演变、棺椁制度的发展、器物形制的变化、一些高级贵族丧葬制度如金缕玉衣的出现和消亡等。它们所反映的都是西周以来礼仪制度的演变情况。汉武帝时期，封建丧葬制度已经基本形成，过去"三礼"所体现的一切礼仪制度遭到了破坏，新的丧葬制度已经出现。其中有西周以来家族坟墓的破坏，汉诸侯王陵寝园制度的形成以及依山为陵、同坟异穴、开凿大型崖洞墓。文帝时期形成的玉衣到武帝已经成为皇帝、诸侯王、列侯的高级殓服，葬玉和玉礼器成为制度，诸侯王墓普遍真车马殉葬，葬用三车（一般为九马，多到十六马）。刘胜用一棺一椁，窦绾用一棺，改变西汉初年仍遵循的诸侯王棺椁的旧礼俗。诸侯王、王后由于地位不同而葬制有别，表现在墓葬形制、死后玉衣档次、入葬器物的性质等多方面。总结上述这些不同于秦以前丧葬制度的变化，正是反映了汉代帝王家一些独有的葬制特征。东汉时期不再见有依山为陵的崖洞墓，而到了三国时期，这些带有时代特征的葬制也基本不复存在了。以随葬的器物来看，满城一、二号墓中铜、陶礼器逐渐减少，代之而起的是日用器皿的增多，一改先秦时期按等级配置铜、陶礼器入葬的情况。出土的大批珍贵文物也具有独特的时代特征，如长信宫灯、错金博山炉、错金银乳钉纹壶、鸟篆文壶……都是继战国后出现的文物精品。两汉时期具有承前启后的作用。此间熔周秦文化为一炉，形成了我国封建社会文化发展的第一个辉煌时代，同时也为隋唐文化的发展打下了稳固的发展基础。

中山国在汉代诸侯国中应是较为重要的。其势力似不如梁、楚和长沙，但在河北的常山、真定、赵、河间、广平、信都、广阳诸国中却居于举足轻重的地位。中山国辖十四县，稍逊于广平（十六县）、信都（十七县）。由于其地势居中，主要在华北平原区，所以占据着良好的地理环境，交通发达。中山靖王刘胜是武帝庶兄，窦太后和武帝刘彻特别优待于他。从墓中出土的许多朝廷特赐的刻铭铜器即可为证。西汉中山立国，以战国的中山国为其基础，前后立国一百六十二年（实际十王在位一百三十年），虽有间断，基本上是和平度过，未经过大的政治动乱。满城汉墓中出土的大量珍贵文物，正是在这种社会稳定、经济繁荣的环境下创造出来的。从大的环境看，也正是经过"文景之治"才出现了中国封建社会初期高度发展的文明。河北的常山、广阳、河间、赵国也都有大批精美文物出土，同样是在这种社会环境稳定、经济繁荣情况下所创造。满城一、二号墓中出土的大批铁农具，百炼钢的刀、剑等兵器，造型精美的青铜器、玉石器、陶器，正是当时手工业发展、经济繁荣、社会财富增加的一种反映。随着社会经济的发展，科学技术方面，如墓中纺织品残片，金银医针和"医工"盆，铜漏壶以及刻有尺寸、重量、容量铭文的铜器的出现，说明当时纺织、医学、天文学、度量衡等都有了很大的发展，并已经总结出相关的科学规律。

河北发现的诸侯王墓，西汉早期如死于高祖五年（公元前202年）的异姓王赵王张耳墓为黄肠题凑墓，中前期有武帝时期的中山靖王刘胜夫妇墓、常山宪王刘舜墓，中期则有定县三盘山中山王及其家族墓，晚期宣帝、元帝时期有中山怀王刘修墓（公元前55年）和北京大葆台广阳顷王刘建墓（公元前45年）。这些诸侯王墓的墓葬形制、葬制、出土遗物都有所不同。上下比较，具有分期的时代意义。凿山为陵的崖洞墓，在河北目前只此一例，而在梁、楚、鲁则发现很多，且沿袭的时间较长。其出现时间则受文帝霸陵影响，而文帝以后，以武帝到宣帝时期为多。河北则由汉初黄肠题凑墓到武帝时期崖洞墓（中山王刘胜、王后窦绾），武帝以后由于崖洞墓耗费大量人力物力而罢，仍采用黄肠题凑木椁墓。至于丧葬制度、出土文物，由于年代准确，资料翔实，则为考古分期断代工作提供了多方面的标准。

满城汉墓作为汉诸侯王、后陵一级的大型崖洞墓，墓室保存完整，未被盗掘，出土文物又如此丰富，堪称新中国成立以来考古界的盛事。两墓的金缕玉衣等珍贵文物多次在国内外展出，蜚声海内外。笔者作为满城汉墓发掘者之一，从发现之日起到两座墓发掘完毕，一直没有离开陵山墓地，亲历了发掘的全过程，并参与记录随后又参加了发掘报告的部分编写工作，感到十分荣幸。在完成此书时，回过头来反思，确实感觉到由于发掘正值十年动乱期间，许多工作不深不透。如陵山陵园和寝园的调查、陪葬墓的调查、二号墓中室排水设施的漏挖等，特别是沿陵山两侧的太行山前沿地段孤山的调查就非常欠缺[2]。

值此新世纪到来之际，首先感谢《20世纪中国文物考古发现与研究丛书》编委会，给予我这样一个再次回想和研究的机会。本书有关插图和数据大多摘自《满城汉墓发掘报告》，图版则由河北省文物考古研究所提供。

注　　释

[1]《满城汉墓发掘报告》，文物出版社 1980 年版。

[2] 河南永城芒砀山、僖山周围许多孤山都是王、后陵墓。满城陵山也是孤山，在陵山的南北也有一些孤山，是否还有王陵的存在，没有进行过调查。

参 考 文 献

1.《史记·高祖本纪》，中华书局标点本。

2.《史记·五宗世家》，中华书局标点本。

3.《史记·平准书》，中华书局标点本。

4.《史记·汉兴以来诸侯王表》，中华书局标点本。

5.《汉书·高帝纪》，中华书局标点本。

6.《汉书·文帝纪》，中华书局标点本。

7.《汉书·景帝纪》，中华书局标点本。

8.《汉书·武帝纪》，中华书局标点本。

9.《汉书·元帝纪》，中华书局标点本。

10.《汉书·成帝纪》，中华书局标点本。

11.《汉书·异姓诸侯王表》，中华书局标点本。

12.《汉书·诸侯王表》，中华书局标点本。

13.《汉书·景十三王传》，中华书局标点本。

14.《汉书·宣元六王表》，中华书局标点本。

15.《汉书·外戚恩泽表》，中华书局标点本。

16.《汉书·外戚传》，中华书局标点本。

17.《汉书·主父偃传》，中华书局标点本。

18.《汉书·窦婴传》，中华书局标点本。

19.《汉书·韦玄成传》，中华书局标点本。

20.《汉书·刘向传》，中华书局标点本。

21.《汉书·霍光传》，中华书局标点本。

22.《汉书·楚元王传》，中华书局标点本。

23.《汉书·爰盎晁错传》，中华书局标点本。

24.《汉书·百官公卿表》,中华书局标点本。

25.《汉书·地理志》,中华书局标点本。

26.《汉书·食货志》,中华书局标点本。

27.《后汉书·宗室四王三侯列传》,中华书局标点本。

28.《后汉书·安城孝侯赐传》,中华书局标点本。

29.《后汉书·百官志》,中华书局标点本。

30.《后汉书·礼仪志下》,中华书局标点本。

31.《后汉书·郡国志》,中华书局标点本。

32.《后汉书·祭祀志下》,中华书局标点本。

33.《后汉书·舆服志上》,中华书局标点本。

34.《后汉书·董卓列传》,中华书局标点本。

35.《三国志·魏书·文帝纪》,中华书局标点本。

36.《三国志·魏书·扶余传》,中华书局标点本。

37.《北史·列传》,中华书局标点本。

38.《周礼·春官·巾车》,《十三经注疏》,中华书局标点本。

39.《礼记·檀弓下》,《十三经注疏》,中华书局标点本。

40.《西汉会要》卷三十三《职官》,上海人民出版社 1977 年版。

41.《西汉会要》卷六十四《方域》,上海人民出版社 1977 年版。

42. 郦道元《水经注·滱水》,世界书局 1936 年版。

43.《定县志·舆地·古迹篇园亭》,《中国地方志丛书》民国二十三年刊本。

44.《读史方舆纪要》卷十二,直隶三,光绪乙亥,慎记书社石印本。

45.《地理志·古迹》(民国),《河北通志稿》,北京燕山出版社。

46.《元和郡县图志》,《河北道三》,《中国古代地理总志丛刊》,中华书局 1983 年版。

47.《畿辅通志》卷一百七十四,古迹二十一,陵墓十。

48.《十六国疆域志》卷十二,后燕,中华书局出版。

49.《建置·陵墓》十四,《满城县志略》,《中国地方志丛书》民国二十年刊本。

50. 中国社会科学院考古研究所、河北省文物管理处《满城汉墓发掘报告》，文物出版社 1980 年版。

51. 河北省文物研究所《河北定县 40 号汉墓发掘简报》，《文物》1981 年第 8 期。

52. 石家庄市图书馆文物考古小组《河北石家庄市北郊西汉墓发掘简报》，《考古》1980 年第 1 期。

53. 石家庄市文物管理所《河北获鹿高庄出土西汉常山国文物》，《考古》1994 年第 4 期。

54. 河北省文物研究所等《献县 36 号汉墓发掘报告》，《河北考古文集》，东方出版社 1998 年版。

55. 北京市古墓发掘办公室《大葆台西汉木椁墓发掘简报》，《文物》1977 年第 6 期。

56. 山东省博物馆《曲阜九龙山汉墓发掘简报》，《文物》1972 年第 5 期。

57. 河南省文物研究所《河南永城芒砀山西汉梁国王陵调查》，《华夏考古》1992 年第 3 期。

58. 潍坊市博物馆等《山东乐昌东圈汉墓》，《考古》1993 年第 6 期。

59. 山东菏泽地区汉墓发掘小组《巨野红土山西汉墓》，《考古学报》1983 年第 4 期。

60. 山东大学考古系等《山东长清县双乳山一号汉墓发掘简报》，《考古》1997 年第 3 期。

61. 徐州市博物馆等《徐州北洞山汉墓发掘简报》，《文物》1988 年第 2 期。

62. 徐州市博物馆《徐州狮子山兵马俑坑第一次发掘简报》，《文物》1986 年第 12 期。《徐州狮子山汉楚王陵发掘获重大成果》，《中国文物报》1995 年 11 月 26 日。

63. 南京博物院、铜山县文化馆《铜山龟山二号西汉崖洞墓》，《考古学报》1985 年第 5 期。

64. 徐州博物馆《徐州石桥汉墓清理报告》,《文物》1984 年第 11 期。

65. 湖南省博物馆《长沙象鼻咀一号西汉墓》,《考古学报》1981 年第 1 期。

66. 长沙市文化局文物组《长沙咸家湖西汉曹媭墓》,《文物》1979 年第 3 期。

67. 河北省文化局文物工作队《河北定县北庄汉墓发掘报告》,《考古学报》1964 年第 2 期。

68. 定县博物馆《河北定县 43 号汉墓发掘简报》,《文物》1973 年第 11 期。

69. 南京博物院《江苏邗江甘泉 2 号汉墓》,《文物》1981 年第 11 期。

70. 周口地区文物工作队《河南淮阳北关一号汉墓发掘简报》,《文物》1991 年第 4 期。

71. 徐州博物馆《徐州土山东汉墓清理简报》,《文博通讯》1977 年第 15 期。

72. 陕西省文物管理委员会《陕西兴平县茂陵勘查》,《考古》1964 年第 2 期。

73. 陕西省文管会等《咸阳杨家湾汉墓发掘简报》,《文物》1977 年第 1 期。

74. 河北省文物管理处《河北出土文物选集》,文物出版社 1980 年版。

75. 河北省文物研究所《譽墓——战国中山国国王之墓》,文物出版社 1995 年版。

76. 黄展岳《汉代诸侯王墓论述》,《考古学报》1998 年第 1 期。

77. 高崇文《西汉诸侯王墓车马殉葬制度探讨》,《文物》1992 年第 2 期。

78.《望都二号汉墓》,文物出版社 1959 年版。

79. 史为《关于"金缕玉衣"的资料简介》,《考古》1972 年第 2 期。

80. 卢兆荫《试论两汉的玉衣》,《考古》1981 年第 1 期。

81. 卢兆荫《再论两汉的玉衣》,《考古》1989 年第 10 期。

图书在版编目（CIP）数据

满城汉墓/郑绍宗著. ――北京：文物出版社，2003.4
（2020.11重印）

（20世纪中国文物考古发现与研究丛书）

ISBN 978-7-5010-1350-0

Ⅰ.满… Ⅱ.郑… Ⅲ.汉墓－发掘报告－满城县
Ⅳ.K878.85

中国版本图书馆CIP数据核字（2002）第039775号

20世纪中国文物考古发现与研究丛书

满城汉墓

著　　者	郑绍宗	
封面设计	张希广	
责任印制	张　丽	
责任编辑	周　成	
出版发行	文物出版社	
社　　址	北京市东直门内北小街2号楼	
网　　址	http：//www.wenwu.com	
邮　　箱	web@wenwu.com	
印　　刷	文物出版社印刷厂印刷有限公司	
开　　本	850mm×1168mm　　1/32	
印　　张	8.375	
版　　次	2003年4月第1版	
印　　次	2020年11月第2次印刷	
书　　号	ISBN 978-7-5010-1350-0	
定　　价	40.00元